Te Regalo Lo Que Se Te Antoje

CONNY MENDEZ

TE REGALO LO QUE SE TE ANTOJE

Edición Noviembre 1996: 4.000 ejemplares
Total Ejemplares publicados: 267.000
Derechos exclusivos conforme a la ley
reservados para todo el mundo:
Copyright © 1996 Bienes Lacónica C.A.

ISBN: 980-6114-06-X

Editado y distribuido por:

BIENES LACÓNICA, C.A.

Apartado Postal 69.732,
Caracas 1063-A. Venezuela
Telf.: 993.09.33 - Fax: 993.86.46

7820 S.W. 55 Ave. Suite B
Miami, Florida 33143 U.S.A.
Fax: (305) 665.56.59

Cubierta: Ghost Writers

Impreso en Venezuela
Printed in Venezuela

ALGUNOS TITULOS EDITADOS POR BIENES LACONICA C.A.

CONNY MENDEZ

COLECCION METAFISICA:

Originales:

Metafisica al Alcance de Todos
   (Versión en Inglés: *Metaphysics for Everyone*)
Te Regalo lo que Se Te Antoje
El Maravilloso Número 7
¿Quién es y Quién Fue el Conde de Saint Germain?
Piensa Lo Bueno y Se Te Dará
Metafisica 4 en 1 (Vols. I y II)
   (Versión en Inglés: *Power Through Metaphysics*)
El Nuevo Pensamiento
¿Qué es la Metafisica?
El Librito Azul
Un Tesoro Más para Ti
La Voz del "Yo Soy"
La Carrera de Un Atomo

Traducciones:

El Libro de Oro de St. Germain
Misterios Develados
Los Secretos de Enoch (por Luisa Adrianza)
La Mágica Presencia
Palabras de los Maestros Ascendidos
Numerología

AUTOBIOGRAFIA/HUMOR/CARICATURA

La Chispa de Conny Méndez

MUSICA

Colección de L.P. y cassettes de su repertorio musical

OTROS AUTORES PUBLICADOS EN ESTA EDITORIAL

Rubén Cedeño - Colección Metafisica
Sally Barbosa - Colección Metafisica
Muñeca Géigel - Colección El Arte de Ser Feliz
Juan Carlos García - Colección Metafisica
Annie Stephens - Colección Sabiduría
Diego Nicolás Chirinos - Colección Sabiduría
Víctor Mercader - Colección Sabiduría
Felas du Richard S.I. - Colección Sabiduría
Beatriz Tobar - Los Grupos en la Nueva Era
Fred Senior Sucre - Colección Literatura
Roland Matthies - Colección Sabiduría
Tsering Nandröm - Colecciones Acuarianas

INTRODUCCION

Suponemos que ya habrás leído y estudiado el librito Nº 1 de esta Serie, titulado:

Metafísica al Alcance de Todos, de Conny Méndez.

Para comprender bien estas enseñanzas de la Nueva Era y para obtener plenamente los beneficios que ellas encierran, es recomendable comenzar por el principio, que es el Principio del Mentalismo, porque todo el Universo, todo en la creación está basado en ese Principio, y sin conocerlo se anda a ciegas. Búscalo, adquiérelo, no te pesará.

En cuanto no más comiences a ver los beneficios sorprendentes y las demostraciones que ocurren en tu vida, vas a desear que todo el mundo las pueda gozar por igual.

En una forma o en la otra, bienvenido seas.

Gracias por tu atención.

TE REGALO LO QUE SE TE ANTOJE

1.—Escribe en un papel, y en orden de importancia para ti, todas las cosas que tú deseas y sin temor de pedir demasiado, pues la fuerza que te voy a dar a conocer no sabe de limitación.

2.—Lee tu lista al despertarte y antes de dormir.

3.—Piensa a menudo en tus deseos. Goza imaginándolos, y siempre que los recuerdes di: "Gracias Padre que ya has dado la orden de que me sean conferidos!".

4.—No le cuentes a nadie lo que estás haciendo. Esto es muy importante porque si lo comentas con alguien, se disipa toda la fuerza y no verás realizados tus deseos. Eso es todo. Ahora...

Para mayor satisfacción tuya, sé espléndido contigo mismo. No digas en tu lista que deseas una casita "Aunque sea chiquitica...". Pídela del tamaño que te convenga y te agrade plenamente. Si es dinero, menciona la suma, si es trabajo indica qué clase, el sueldo a que aspiras, las condiciones y la localidad más conveniente para ti.

En tu primera lista pon cosas sencillas para que te vayas acostumbrando tú mismo a ver caer y ocurrir maravillas, pues como jamás has hecho esto, no vas a creer que sea posible, y te advierto que esta duda te puede costar el que no veas lo que has pedido. Es natural que te vengan dudas y desconfianza porque la idea es muy nueva para ti. Pero cuando sientas escepticismo, pesimismo, etc., saca tu lista, reléela y da las gracias de nuevo. El dar las gracias por lo que aún no se ha visto es la forma más positiva de manifestar la fe. Lo recomendó Jesucristo en varias ocasiones, como tú recordarás, notablemente antes de alimentar a cinco mil personas con cinco peces y cinco panes, cuando miró hácia el cielo y dio las gracias en el momento de partir el primer bollito de pan.

Ah..., te va a sorprender que cada vez que leas tu lista, primero vas a tener que tachar algunos puntos porque ya se te habrán realizado. Entonces tendrás que hacerla de nuevo, poniendo otros puntos en los lugares más importantes. No te preocupe esto. Es natural, A todo el mundo le ocurre. Lo que sucede es que tu Yo Superior te va indicando que muchos de estos deseos están ya al alcance de tu mano, mientras que hay otros que no lo están tanto.

Ah..., no te pongas a "jurungar" respecto a la manera cómo se te van a dar porque esto es contraproducente. La Gran Fuerza Espiritual está más allá de tu comprensión humana. Acepta lo que te da con gratitud, no la interrumpas ni la cohíbas, y sobre todo, no se te ocurra pensar o decir o exclamar cuando veas tus deseos realizados: "Cómo va a ser! Esto no parece posible! Si lo que parece es que todo esto se iba a realizar de todas maneras! "NADA DE ESO!!! Lo que pasa es que la Gran Fuerza Espiritual (cuyo nombre verdadero, entre paréntesis, es "La Ley de Precipitación") es completamente impersonal y coloca sus dones en los lugares más armoniosos, más naturales, aprovechando los canales ya establecidos en tu propia vida. A ella no le interesa el exhibicionismo ni la sorpresa. Sólo cumple con su cometido de darle lo que tú pidas, donde mejor convenga.

"Pide y se te dará; busca y encontrarás; toca y te será abierto".

Mateo 7, 7 a 11.

LA LLAVE MAESTRA

El motivo por el cual hay varias lecciones del Dr. Emmet Fox en este folleto es, porque ha sido compilado para ayudar, para sacar de apuros lo más rápidamente posible, y el Dr. Fox, mi maestro, ha sido, y sigue siendo (aunque ya su materia no está con nosotros) un especialista en el arte de "sacar de apuros".

El artículo anterior te lo hice para que logres todo lo que tú deseas en un mínimo de tiempo. Esto se hace para aliviar toda condición que esté siendo insoportable.

Dice el Dr. Fox:

"He reducido este ensayo lo más posible. Hubiera querido reducirlo a pocas líneas. No es un tratado instructivo sino una fórmula para sacarte de calamidades. El estudio está bien en su propio lugar y momento, pero no te enderezará tus dificultades. Sólo el trabajo de elevar y transformar tu conciencia de las cosas, es lo que te arregla un problema en lo exterior.

Lee a menudo La Llave Maestra. Haz lo que te indica, y si tienes persistencia te verás dominando toda dificultad.

La Oración Científica te sacará a ti de cualquier dificultad existente. Es la Llave Maestra a la Armonía y la Felicidad. A todos los que no conozcan el Poder más Grande en el Universo, les recomiendo que prueben lo que aquí expongo para que obtengan los resultados que afirmamos.

Dios es Omnipotente y el hombre es Su Imagen y Semejanza, con dominio sobre todas las cosas. Esto dice la Doctrina Espiritual y es para ser tomado en serio. No es prerrogativa del Santo o del Místico. Es para todos los humanos. Quien quiera que tú seas, donde quiera que estés, **la Llave Maestra a la Armonía está en tus manos ahora.**

Esto significa que en la Oración Científica es Dios quien hace y no TU. Tu único trabajo es el de quitarte de en medio para que Dios pueda trabajar a través de ti, que eres sólo un canal. Por eso es que tus defectos, tus limitaciones no interfieren en los resultados. No importa a qué religión pertenezcas. Dios es Dios, el único. Tú eres su hijo y eso le basta a El.

Ahora para la forma de trabajar: Cuando te encuentres en una dificultad, trata de NO SEGUIR PENSANDO EN EL PROBLEMA Y PIENSA EN DIOS. Reemplaza el problema por el pensamiento en Dios. No importa que sea algo muy grande o muy pequeño. No importa lo que sea, lo que sí importa es que dejes de pensar en ello. Piensa en Dios. No importa qué cosas pienses de Dios. Lo que tú sepas de El, que es Omnipotente, Omnipresente, que es Amor, Sabiduría, Verdad, Inteligencia... Que es Todopoderoso, Infinito, no importa que lo sepas muy bien, vuélvelo a pensar. Y piénsalo cada vez que te vuelva a acosar el pensamiento del problema. No te pongas tenso. No trates de adivinar lo que va a suceder ni cómo lo va a arreglar Dios. Déjaselo a El. Ponlo en Sus manos, como decimos en Metafísica, y olvídalo. Has confiado tu problema al especialista más grande, más sabio, más hábil y que lo resolverá en perfecta armonía para todo el mundo, a entera satisfacción tuya, pero no te metas en Su camino. No interfieras con tu personalidad humana. "No metas la pata", dicho en palabras de a centavo.

LA FORMA CORRECTA DE ORAR

El tratamiento Espiritual, es la efectividad de elevar la mente, o la conciencia por encima del nivel del problema. Si tú logras elevar tu pensamiento suficientemente en altura, el problema se resolverá él mismo. En realidad ése es tu único problema: el de elevar tu pensamiento. Tanto más "difícil" sea el problema, lo cual significa que tanto más enterrado en tu subconsciente esté ese concepto, más elevada tendrás que llevar tu conciencia. Aquello que se llama una molestia menor, cederá a una pequeña elevación. Aquello que represente un problema grave, necesitará una elevación mayor, y si es un gran peligro o una situación desesperada, requirirá más trabajo espiritual para vencerlo; pero esa es la única diferencia.

Pero no trates de arreglar tus problemas o los de los demás tratando de componer los pensamientos. Así no es. Eleva tu conciencia y la Acción de Dios lo hará todo. Esto significa que tienen que recordar la Verdad del Ser. la Verdad de Dios, la Verdad del Plano Espiritual, o sea ¿COMO ES QUE SON LAS CONDICIONES EN EL ESPIRITU? o ¿Cómo es Dios? ¿Cómo es el Yo Superior? Pues es perfecto ahora, en este momento. No tiene defectos. No existe allí la muerte, ni la enfermedad, ni la pobreza, ni la lucha, ni la enemistad, ni la guerra, ni lo feo, ni lo malo. Y al "ver" la condición opuesta a la que estés mirando en lo material, se transforma en la Verdad.

Jesús sanó a los enfermos, reformó a los pecadores, controló las tempestades, y resucitó a los muertos porque podía elevar su conciencia tan alto como fuera necesario para lograrlo.

Para elevar tu conciencia tienes que quitarle tu atención al cuadro material por el momento, y luego concentrarte suavemente en el cuadro que presenta la Verdad espiritual. Esto puedes lograrlo dejando de pensar en el problema y leyendo uno de tus libros metafísicos, o diciendo algunas afirmaciones (no como un loro sino meditándolas), o conversando con alguna de tus maestras o tus condiscípulas avanzadas.

Yo conozco personas que han logrado la elevación de conciencia hojeando y releyendo partes de la Biblia, porque la ley de atracción te abrirá la Biblia allí donde corresponda a tu problema. Un hombre se salvó en el hundimiento de un gran trasatlántico repitiendo "Dios es Amor" hasta que pudo realizar algo de lo que significa esta gran afirmación. También puedes emplear todos estos sistemas a la vez, si quieres. Sólo que no te dejes poner tenso. No importa cómo te eleves, con tal que eleves tu pensamiento más allá del plano de los problemas.

DIOS EN LOS NEGOCIOS

Los negocios, sean compra-venta, contratos o lo que sea, son mediaciones entre personas. Tienen que ser satisfactorias para ambas. Son ajustes entre individuos. Sea que estás buscando un empleo o buscando una persona con ciertas condiciones apropiadas, equivale, dice el Dr. Fox, a buscar y encontrar a Dios en ambos lados del problema, o sea en la persona que busca y en la persona que ofrece.

El mismo Dios está manejando el asunto. Dios no se puede dividir para antagonizarse, de manera que tiene que haber un punto de armonía en donde se encuentran las dos personas. El mismo Dios está buscando satisfacerse en cada uno de sus dos hijos.

No trates de imponer tu voluntad. Afirma que es la Voluntad de Dios la que se está cumpliendo en ambas partes. Expón la parte tuya con toda honradez, con toda sencillez. Olvida la costumbre aquella de esperar que "el otro" te esté tratando de hacer una jugarreta para arrimar la brasa para su candela". Acuérdate de que Dios está dentro de él también y lo verás proceder con entera justicia.

Tampoco trates tú de interesarlo con exageraciones. No trates de convencerlo a pesar de él. Acuérdate que si no logras esta venta o este empleo, o este empleado, sólo significa que hay uno mejor para ti. No te afanes, no te apures. Dios jamás está apurado. El trabaja sin esfuerzo. En el Plano Espiritual todo viene "suavecito, suavecito".

No olvides la fórmula mágica: "De acuerdo con la Voluntad de Dios, en nombre de Jesucristo; en armonía para todo el mundo bajo la gracia y de manera perfecta, deseo... Gracias Padre que ya me has oído".

EL VERBO PODEROSO

La fórmula para orar correctamente:

Yo Soy Espíritu Divino. En Dios yo vivo, me muevo y tengo mi ser. Yo formo parte de la expresión de Dios y expreso perfecta armonía. Yo individualizo la Omniciencia. Yo tengo directo conocimiento de la Verdad. Yo tengo perfecta intuición. Yo tengo percepción espiritual. YO SE.

Dios es mi Sabiduría, de manera que no puede errar. Dios es mi inteligencia, no puedo sino pensar correctamente. No hay pérdida de tiempo ya que Dios es el único hacedor. Dios actúa a través de mí, de manera que siempre estoy actuando correctamente, y no hay peligro de que yo ore incorrectamente. Yo pienso lo indicado, de la manera indicada en el momento apropiado. Mi trabajo siempre está bien hecho porque es el trabajo de Dios. El Espíritu Santo siempre me está inspirando. Mis pensamientos son frescos, nuevos, claros y poderosos como cuadran a la Omnipotencia. "Mis oraciones son manufacturas del Espíritu Santo, poderosas como el águila, y mansas como la paloma. Salen en el Nombre de Dios mismo y no pueden regresarme vacías. Cumplirán aquello que a mí me plazca, y prosperarán en aquello a que sean dirigidas: "Doy gracias a Dios por esto".

Este último pensamiento es de Isaías 55, 11.

¿QUE ES AMOR?

"Dios es Amor, y aquel que more en el amor mora en Dios, y Dios en él".

1, Juan, 4: 16.

El amor es lo más importante de todo. Es la Puerta de Oro al Paraíso. Pide comprensión del amor y medítalo a diario. Destierra el temor; es el cumplimiento de toda la Ley; cubre una multitud de pecados y es absolutamente invencible.

No hay dificultad que no se pueda vencer con suficiente amor. No hay enfermedad que no se cure con suficiente amor. No hay puerta que no abra el suficiente amor, ni abismo que no pueda zanjar el suficiente amor. No hay muro que el suficiente amor no derrumbe, ni pecado que el suficiente amor no redima.

No importa cuán enterrado esté el error; ni cuán desesperado sea el panorama, ni cuán grande el error, ni cuán enredado el enredo. Si puedes amar lo suficiente serás el ser más poderoso y feliz de la Tierra.

LA PRESENCIA

Poderosísima meditación afirmativa para lograr la elevación de Conciencia.

Dios es la única Presencia y el único Poder. Dios está plenamente presente aquí conmigo ahora. Dios es la *única* Presencia real. Todo lo demás es mera sombra. Dios es el Bien perfecto. Dios es causa únicamente de Bien perfecto. Dios jamás envía enfermedad, accidente, tentación, ni muerte; ni tampoco autoriza estas cosas. Dios, el Bien, no puede causar sino Bien. Una misma fuente no puede producir aguas dulces y amargas.

YO SOY espíritu Divino. YO SOY hijo de Dios. En Dios me muevo, vivo y tengo mi ser; de modo que no temo. Estoy rodeado por la Paz de Dios y todo está bien. Yo no temo a las gentes; no temo a las circunstancias; no me temo a mí mismo; pues Dios está conmigo. La paz de Dios llena mi alma y no me puede rozar siquiera el temor. Yo no temo al pasado; Yo no temo al presente; Yo no temo al futuro porque Dios está conmigo. El eterno Padre es mi morada y más abajo están los brazos eternos. Nada me podrá tocar jamás que no sea la acción directa de Dios mismo, y Dios es Amor.

Dios es la vida. Yo comprendo esto y lo expreso. Dios es la verdad. Yo comprendo esto y la expreso. Dios es el Amor Divino. Yo comprendo esto y lo expreso. Yo envío pensamientos de amor, paz y salud a todo el universo; a todos los árboles, las plantas y a todo lo que crece; a todos los animales, las aves, los peces; a cada hombre, mujer y niño en la Tierra sin distinción alguna. Si alguien me ha dañado o me ha hecho algún mal, lo perdono voluntaria y completamente ahora y todo ese asunto terminó para siempre. Lo suelto y lo dejo ir. Soy libre y él es libre. Si queda algún resentimiento en mí, se lo encargo a mi Cristo interior y yo quedo libre.

Dios es la sabiduría infinita y esa Sabiduría es mía. Esa Sabiduría me guía y me dirige, de manera que no puedo cometer errores. Cristo en mí es la lámpara a mis pies. Dios es la Vida infinita y esa vida es mi Providencia, mi Suministro No puede faltarme algo, no puedo carecer de nada. Dios me creó y me sostiene. El Amor Divino ha previsto todo. Ha provisto todo. Una sola mente, un solo Poder, un solo Principio, un Dios, un Elemento. Está más cerca de mí que mis pies y mis manos, que mi propia respiración.

Yo Soy Espíritu Divino. Soy el hijo de Dios y en Presencia de Dios vivo eternamente. Le doy gracias al Padre por la armonía Perfecta.

Esta Invocación se puede hacer combinándola con las Llamas, cuando el estudiante las conozca.

TRATAMIENTO PARA DESARROLLAR
EL AMOR DIVINO

Mi alma está llena de Amor Divino. Estoy rodeado de Amor Divino. Yo irradio Amor y Paz a todo el mundo. Yo tengo consciente Amor Divino. Dios es Amor y no existe otra cosa en la creación que Dios y Su Expresión. Todos los seres humanos son expresiones del Amor Divino, de manera que Yo no puedo tropezarme con otra cosa que las expresiones del Amor Divino. No puede ocurrir otra cosa que las expresiones del Amor Divino.

Todo esto es la Verdad ahora. Este es el caso actual, el actual estado de cosas. Yo no tengo que esforzarme a que esto suceda, lo observo en este momento. El Amor Divino es la naturaleza del Ser. No hay sino Amor Divino y yo lo sé.

Yo comprendo perfectamente lo que es el Amor Divino. Yo tengo realización consciente del Amor Divino. El Amor de Dios arde en mí hacia toda la humanidad. Yo soy un foco de Dios radiando Amor Divino a todo aquel con quien yo me encuentre, hacia todo aquel en quien yo piense.

Yo perdono todo, todo lo que necesite mi perdón, absolutamente todo. El Amor Divino llena mi corazón y todo está perfecto. Ahora irradio Amor a todo el universo, sin excepción de nadie. Experimento Amor Divino. Yo manifiesto Amor Divino. Doy gracias a Dios por esto.

———— o ————

Las dos llaves del infierno son la crítica y el resentimiento, llamado comúnmente "rencor". Estos pueden ser destruidos permanentemente con el tratamiento arriba expuesto.

Cuando el estudiante conozca las Llamas, puede hacer este Tratamiento aplicando la Llama Rosa.

El Amor no se limita a sentir cariño por otro. El Amor tiene muchas maneras de manifestarse, y una de las más grandes es la de expresar deseo de perdonar y de enviar a otros el Bien.

Buscar conocer a Dios es amarlo. Tratar de purificar el pensamiento es Amar a Dios. Tratar de corregir conceptos desagradables es amar al prójimo por quien se siente ese desagrado. Gustar de la belleza y del arte es amor. Amor a Dios.

"No hay temor en el amor. El amor destruye el temor. El temor tiene tormento, y aquel que teme no ha sido perfeccionado en el amor".

1, Juan, 4: 18.

LOS QUINCE PUNTOS

Para saber si estoy realmente en el Sendero.

1. Si siempre busco el bien en cada situación, persona y cosa.

2. Si resueltamente le doy la espalda al pasado, sea bueno o malo, vivo únicamente en el presente y futuro.

3. Si perdono a todo el mundo sin excepción, no importa lo que hayan hecho; y luego me perdono a mí mismo de todo corazón.

4. Si considero mi trabajo o tarea diaria como cosa sagrada, tratando de cumplirla lo mejor posible (gústeme o no).

5. Si hago todo lo que está en mi poder para manifestar un cuerpo sano, y un ambiente armonioso en contorno mío.

6. Si trato de rendir servicio a todos los demás, sin hacerlo de manera majadera ni fastidiosa.

7. Si aprovecho todas las ocasiones de hacer conocer la Verdad a otros, de una forma sabia y discreta.

8. Si evito incondicionalmente la crítica, negándome a escucharla o a apoyarla.

9. Si le dedico por lo menos un cuarto de hora a la meditación y a la oración.

10. Si leo por lo menos siete versículos de la Biblia o un capítulo de algún libro instructivo sobre la Verdad para esta Era.

11. Si hago un tratamiento especial diariamente para pedir o demostrar la Comprensión. (Hay o que afirmarla

sabiendo que Dios está con nosotros, o encargar a la Señora Maestra Ascendida Nada del Rayo Rubí, como a Las Huestes del Rayo Dorado).

12. Si me entreno a darle mi primer pensamiento a Dios al despertarme.

13. Si pronuncio el Verbo por el mundo entero todos los días, o bien en nuestros ejercicios diarios, o especialmente, digamos, a las doce del día.

14. Si practico la Regla de Oro de Jesús, en lugar de admirarla únicamente. El dijo: haz a otros lo que desees que te hagan a ti. Lo importante de la Regla de Oro es que la debemos practicar aunque los demás no la practiquen hacia nosotros. Pero también, no hay regla que no tenga su opuesto, de manera que no permitas que otros te hagan lo que serías tú incapaz de hacerles a ellos.

15. Si me doy cuenta perfecta de que lo que yo veo no es sino un espejismo, el cual me es posible transformar por medio de la Oración Científica.

Para poder demostrar armonía y perfección de todo en tu vida, pregúntate una vez por semana si estás cumpliendo con todos estos puntos.

En donde quiera que se mencione el perdón se puede insertar la oración de la Llama Violeta: "Yo soy la Ley de perdón y la Llama trasmutadora de todos los errores cometidos por mí y por toda la humanidad". Por supuesto que esto es para los estudiantes que ya conocen las Llamas.

MI MUNDO CONTIENE TODO

Cuántas veces te has encontrado con que te falta algo para continuar lo que estás haciendo, si es vistiéndote, te hace falta un alfiler o una aguja e hilo; si es un trabajo, te hace falta una pluma o un instrumento cualquiera, etc. Estás viendo una apariencia material nada más. La verdad está siempre en el espíritu, como ya bien lo sabes. Al pensar y buscar la correspondencia en lo espiritual, o sea que tú piensas "¿Cómo es la situación en el plano espiritual?". Siempre tu mente te dice: "Es perfecta". Ponte a meditar entonces cuál sería la perfección en este caso. La perfección en el caso de que te estás vistiendo y te falta un alfiler o una aguja e hilo, sería que tuvieras en ese momento lo que te está haciendo falta, o que no tuvieras necesidad de esos adminículos, ¿verdad? Pues bien, ya has visto que tu cuerpo está hecho de las substancias del plano que él habita; contiene todos los elementos que se pueden encontrar en todos los demás objetos, artículos, etc., que hay en el planeta; además, tú has sido acumulado en todas tus vidas pasadas, de todo lo que puedes necesitar y usar; cada experiencia con todos los accesorios necesarios para haberla cumplido y superado ya están en tu cuerpo etérico, como memoria, y en tu cuerpo causal como haber constructivo. Tienes pues plena autoridad de declarar: "Mi mundo contiene todo, y no es verdad que pueda carecer yo de lo que necesito en ningún momento. Espiritualmente, lo que necesito está conmigo y reclamo la apariencia material porque me hace falta para mi materia en este momento". Verás un milagrito, si has comprendido bien el principio que te he estado explicando. O tú encuentras un alfiler o una aguja con hilo, casi sin necesidad de buscarlos, o te viene a la mente de inmediato la cosa que pueda suplir la falta, la forma de arreglar la situación, o alguien entra y te lo facilite. En el caso de que una de ustedes me haga la pregunta que han hecho otros: ¿Y qué sucedería si me encontrara en un desierto y me faltara el agua por ejemplo, y no la hallara? —contesto que una vez que tú conoces esta Ley, este principio y lo apliques dos o tres veces, jamás se volverá a presentar en tu existencia ningún caso en que te pueda faltar absolutamente nada de lo que tú puedas necesitar. Ese caso del desierto sin agua es karmático. Es una experiencia que fue necesaria en un momento dado, pero que si tú estás ya aprendiendo leyes espirituales tan adelantadas como ésta, ya pasaste la experiencia del desierto, la superaste y jamás volverá a presentarse el caso. El paso dado está superado, y no hay que volverlo a dar.

EL COCO

Ustedes saben lo que es El Coco. En venezolano es el monstruo con que asustan a los muchachos para que se porten bien.

El Dr. Fox dice: "Este artículo es para personas que tienen una preocupación. Yo jamás regaño a aquel que esté preocupado. Eso equivale a darle una patada al caído. ¿Acaso una persona se preocupa porque le divierte? Por supuesto, sí hay personas quejosas y quejumbrosas que les complace actuar de esa manera. Esa es una condición que necesita atención urgente, pero no es un caso de preocupación".

No, la preocupación es un infierno del cual la víctima siente gran alivio al ver la menor señal de escapatoria. ¿Y se puede realmente evitar la preocupación? Depende de que tú comprendas o no la Verdad del Ser. Si en verdad la comprendes, la respuesta es que Sí.

Considera lo siguiente: Un Coco en el cual tú no crees no tiene poder alguno para molestarte o preocuparte. El Coco aquel de tu infancia ya ni te asusta ni te engaña, porque ya tú no crees en él. Pero cuando tenías tres años de edad tenía el poder de poner a correr tu corazón, de ponerte las mejillas blancas, de hacer temblar tus rodillas y de hacerte vomitar toda la comida que había en tu estómago. En condiciones especiales te hubiera podido matar. Sin embargo, hoy no te hace ni pestañear... porque ya no crees en él. Esto es todo. Nada ha cambiado en realidad. No existe ese Coco ni jamás existió. La única diferencia radica en ti mismo. Has cambiado tu manera de pensar. Descubriste que era una falsedad y eres libre.

Ahora, exactamente lo mismo ocurre con toda otra forma de Mal que se esté manifestando en tu experiencia, ya que todo Mal es un Coco y nada más. Te está ocurriendo porque tú crees en él, y se desaparecerá en el momento en que dejes de creer en él. La única vida que lo mantiene vivo se la das tú con tu creencia en él.

Cualquier situación, y hasta cualquier objeto material puede ser cambiado por medio de un Tratamiento Espiritual, o lo que llamamos nosotros la Oración Científica. No importa qué cosa vaya a suceder mañana, ocurrirá algo muy diferente por causa de la Oración Científica: un tobillo lujado, las consecuencias de haber manchado un traje con tinta, el juicio de la Corte ocurrido la semana pasada, o la operación que te van a hacer la semana que viene y todas las consecuencias que puedan salir de allí, todos pueden ser borrados totalmente, hasta de las conciencias de todo el mundo, o el carácter de todas estas cosas pueden ser cambiados para hacer ver que son bendiciones para todos los interesados. A veces ocurre que tú compras un artículo, y cuando llegas a casa te das cuenta de que no era lo que te convenía, y crees que ya es demasiado tarde. No importa. Trata el caso científicamente y verás que después de todo la compra fue correcta, te regocijará la adquisición, o de alguna otra manera tendrás satisfacción por haberlo comprado, ya que todo se vuelve bueno al tratarlo por la Oración Científica.

Todo esto es la Verdad, de manera que esto comprueba que el plano material no es "Real", en el sentido de ser fijo o permanente, y una vez que captamos esta Verdad ya no tiene poder para molestarnos. La Verdad es que nuestras condiciones materiales no son otra cosa que el reflejo exterior de las convicciones que tenemos en la mente, y como tenemos el poder de cambiar estas convicciones, es evidente que podemos cambiar los reflejos exteriores, también.

Tu problema de este momento es exactamente como el Coco de tu infancia. Es el Coco, y el único poder que tiene es el que tú le estás dando al creer en él. Tienes que desistir de creer en él, y la forma de lograrlo es la de orar lo suficiente, científicamente, o conseguir que alguien te ayude, y verás a ese cuadro infeliz transformarse en algo totalmente diferente, o desaparecer completamente.

Con suficiente oración puedes lograr que se borre de tu memoria, pero eso no va a ser necesario ya que tú no vas a querer olvidar al Coco, te es indiferente.

¿Ves por qué es que se puede quitar la preocupación? Cuando tú puedas decirte "Sí, en este momento esto parece una calamidad, pero yo sé que con un buen tratamiento puedo cambiar esta situación en algo totalmente diferente" ya puedes decir que las preocupaciones terminaron para ti y sólo es cosa de tiempo para que la salud, la armonía y la prosperidad sean permanentes en tu vida.

Dice la Biblia "El Nombre del Señor es una Torre Fuerte. El pensador correcto entra en ella y está salvado".

EL DINERO

El Maestro Filmore, fundador de Unity, dice: "No es un crimen ser rico, y no hay virtud alguna en ser pobre, como nos han hecho creer los reformadores. El mal consiste en acaudalar el dinero, impidiendo que circule libremente para que llegue hasta el que lo necesite. Aquellos que ponen a trabajar sus riquezas en forma que contribuyan al bienestar de las masas, son la salvación de un país. Si todos tuvieran lo que llamamos "la conciencia de pobreza", la miseria sería general como lo es en la India y en la China. Allí, los millones de habitantes están atados perennemente al pensamiento de su pobreza, sufren escasez en todas sus formas, desde la cuna hasta la tumba. El peso del pensamiento pobre recae en las tierras, y ellas, año tras año retienen sus productos de manera que miles mueren de hambre".

La conciencia de la Prosperidad hay que formarla. Primero hay que ir negando todas las viejas y falsas ideas de carestía, de restricción, de dependencia en los canales fijos. La idea de que algo es muy caro proviene del estado de nuestra bolsa. Hacemos la comparación del costo con la cantidad que poseemos y decidimos instantáneamente si podemos adquirir o no. Si nuestro haber es poco, el objeto nos parece caro. Si nuestro haber es grande, no le damos ninguna importancia al costo y lo adquirimos. El objeto, no es que sea caro sino que la conciencia es pobre.

Tú estarás pensando que sin embargo, sí hay cosas por las cuales los comerciantes piden demasiado. Pero yo te repito que si tuvieras muchos millones para botar, no se te ocurriría siquiera pensar si el comerciante está pidiendo demasiado o no. Luego no es la carestía sino el estado de tu bolsa, y ésta depende del estado de tu conciencia.

Desde pequeño, tal vez oiste en tu casa el tema del dinero, del costo y de lo que se podía o no se podía adquirir. Cuán pocos pueden hacer alarde de que cuando pequeños pidieron que se les comprara algo y que sus padres no contestaron "Hoy no se puede porque no hay plata". Ese "no hay plata" asumió inmediatamente el carácter del monstruo que todo lo niega, que todo lo interrumpe, que todo lo malogra; ese ogro que se recrea en vernos privados y suspirando, hasta que terminamos doblando la cabeza resignados a la fatalidad. Cuán pocos pueden decir que sus padres contestaban "vamos a pensar que Papá Dios nos lo quiere dar y que no está sino esperando el momento para darnos la sorpresa".

Y éste es el pensamiento que deseo se aprendan hoy de memoria y lo repitan mentalmente, o a viva voz, cada vez que tengan un deseo o una necesidad, y que se encuentren comparando lo que tienen en la cartera, con el costo de lo que están deseando. "Vamos a pensar que Dios NOS LO QUIERE DAR y que sólo está esperando el momento para darnos la sorpresa", para irles formando la conciencia de prosperidad.

Ya ustedes saben que la Verdad es que en el espíritu todo está ya dado, concedido y esperando que lo reclamemos; y que por eso enseñamos a dar las gracias antes de que aparezca. Pero esta idea se empeña en eludir. El subconsciente no tiene discernimiento. Para él, tu palabra es ley. Lo que te oye decir, lo que ve en tu pensamiento, el cuadro que te imaginas, son órdenes que él se esmera en cumplir con la más pronta exactitud. Lo único que lo sacude es la voz del Yo Superior. Las altas vibraciones de la Verdad desmoronan lo petrificado (cristalizado decimos) en el subconsciente, y que le costarían años de psicoanálisis para llegar a descubrirlas. Y aún así el psicoanalista te dirá que si no se sustituye con algo el clavo que acaba de sacar, se vuelve a recaer en el mismo mal. Por esto es que la Metafísica primero niega el mal, luego afirma la Verdad para ir sustituyendo lo que se va borrando, por lo más alto y potente: La Verdad, que no habrá que borrarla jamás.

La afirmación simple, infantil, que te di para que la aprendieras de memoria, encierra una intención triple. La primera, que te vayas formando la idea de que todo proviene de Dios, o sea de la sustancia divina, y se te vayan quitando esas ideas de los canales fijos. Tus canales fijos son, o bien el salario que recibes, o bien la organización donde trabajas; y si no tienes necesidad de trabajar, tus canales fijos son: o bien el negocio de tu padre o de tu marido; o las fincas que te producen tu renta, en fin, lo que sea que te provee con la suma de dinero con que haces tus gastos. Y toda la raza está acostumbrada a pensar que si estos llegaran a fallar, ocasionarían la ruina. Pocos se dan cuenta de que los canales de la prosperidad y de la abundancia son infinitos porque son de Dios, y son Dios. Ignoran lo que ya tú sabes, que toda necesidad viene ya equipada con el material que requiere para llenarla, o sea que (como se dice en metafísica) la oferta y la demanda son una. En la Tierra son dos cosas opuestas. En la Verdad son una sola y misma cosa.

La segunda intención que lleva la afirmación que te di es, que te vayas acostumbrando a que la voluntad de Dios es magnánima: que Dios ansía que tengas precisamente ESO que estás necesitando o deseando, porque el deseo y la necesidad de algo se producen en el momento que se está preparando para gozarlo o aprovecharlo. Ni un minuto antes, ni un minuto después. Y si hace años que estás anhelando, o sintiendo la falta de algo, ese "algo" tiene los mismos años tocando a tu puerta, para que acabes de recibirlo, y es tu subconsciente el que lo está rechazando y haciéndolo esperar, por cumplir la orden que le diste, al aceptar tú la idea de que te sería imposible realizar tu deseo; o bien porque, lo consideraste demasiado costoso, prohibitivo o demasiado difícil. La Biblia explica esto en la forma siguiente y que se los he repetido muchas veces: "Toda tierra donde pongas la planta de tu pie te la he dado por heredad". Los pies son símbolos de la comprensión, y "tierra" es símbolo de Manifestación. O sea, pues que la traducción de la frase maravillosa es: "Toda manifestación que tú puedes CONCEBIR te la he dado ya". La heredad es lo que nadie nos puede arrebatar. Es nuestra por derecho.

La tercera intención que lleva la afirmación que te di está en la frase: "...y sólo está esperando el momento para darnos la sorpresa". A menudo los estudiantes ven que no obtienen una demostración tan aprisa como ellos lo esperaban, y vienen a quejarse conmigo. Casi me culpan de incumplida, como si yo les he prometido algo que no les he dado! Esta es una actitud infantil. Es un resabio de mala crianza que les ha quedado de cuando eran niños en la casa de sus padres, y prueba que fueron niños mimados a quienes no se les negó jamás su menor capricho. La demostración siempre está hecha y preparada para aparecer. Sólo está esperando el momento oportuno. Hay infinidad de motivos que obstruyen la salida o que destruyen el momento oportuno, y la manifestación tiene que esperar que haya otro momento oportuno. Uno de los motivos más comunes y corrientes es la inconsistencia, o falta de firmeza una vez que se ha pensado, invocado, reclamado y hecho el tratamiento.

O bien el estudiante siente dudas; o bien cede a la tentación de salir a conversarlo; o bien expresa con sus palabras conceptos que niegan la Verdad que declara en el tratamiento. Todo esto es muy natural. No hay que impacientarse ni con uno mismo ni con la tardanza de la demostración. No somos perfectos y estamos aprendiendo a serlo.

El subconsciente no tiene culpa de estar pesado y achatado en viejas ideas y costumbres.

Otro defecto muy común es el de pensar que hay que estar repitiendo el tratamiento para que se haga. Esto equivale a estar continuamente abriendo el horno para darle una vuelta con la cuchara a una torta que se está horneando. Un tratamiento se hace una sola vez, lo más excelentemente que se pueda. Se ve la Verdad y se declara. Se dan las gracias, y se le deja a Dios la realización. Cuando venga a la mente el pensamiento de aquello que estamos necesitando y que no acaba de realizarse se hace lo que llamaba Emmet Fox "hacerle un tratamiento al tratamiento", o sea que se dice "Ya yo hice el tratamiento y no tengo por qué angustiarme ni preocuparme, gracias, Padre". Puedes dar gracias infinitas tanto como quieras. Eso sí reafirma la demostración, y es regocijo. "Regocijaos y dad gracias a Dios en todo".

Cuando tú das a alguien un regalo como sorpresa, o cuando te hacen una sorpresa a tí, ES una SORPRESA. Aun cuando has estado deseando algo y que alguien te lo regale, te sorprende y te hace feliz. La frase del tratamiento te pone a esperar la sorpresa que te va a mandar Dios, en el momento en que menos lo esperas, y esta expectativa entusiasta es la fe que mueve montañas. No lo confundas con la esperanza. La Esperanza es una hermana pobre de la fe, dice Emmet Fox. La esperanza es angustia mezclada con dudas. La fe es expectativa gozosa. Dos cosas muy diferentes. Qué diferente es decir, "tengo la esperanza...", y "tengo la fe...".

Me han llegado noticias de que por lo menos dos de mis estudiantes están careciendo de dinero. Se puede ser muy adelantado espiritualmente y no tener la conciencia de la prosperidad. Así como se puede tener una gran conciencia de prosperidad y no ser nada espiritual. Es que se ha desarrollado un aspecto de la vida, y no se ha tocado el otro. Cuando se está manifestando falta de abundancia hay que ponerse a trabajar en ese aspecto. Hay que meditar mucho sobre la abundancia. Como le dije a una de mis discípulas en estos días, allí donde el hombre no roza con su pensamiento de escasez se manifiesta la abundancia en términos de derroche. En las selvas. En el monte ordinario. Si no vivimos cortando la grama en el jardín, se amontona hasta tapar la casa, y es porque nos la pasamos pensando precisamente en que hay que vivir atajándola. En las selvas no hay quien piense "aquí no crece nada". No hay quien eche veneno para matarla. No hay quien piense "Qué verano tan bravo! Las matas se van a secar todas! ¿Y no irá a llover?"

El Maestro Fillmore continúa diciendo: "El Pensamiento angustiado tiene que ser eliminado, y hay que adoptar el abandono perfecto de la naturaleza, y cuando a esta actitud se añada la realización de que se poseen recursos ilimitados, se habrá cumplido con la ley divina de la prosperidad"

Para lograr esta actitud de abandono de toda preocupación hay que meditar sobre la abundancia divina, manifestada. Hay que examinarse para ver dónde se está poniendo freno inconscientemente a la prosperidad y la abundancia. Hay que afirmar, contra toda la evidencia, que somos hijos, herederos de todo lo que posee el Padre, y que no solamente El ansía vernos manifestar riquezas y satisfacciones, sino que TODA LA HUMANIDAD NOS DESEA LO MISMO. Que NADIE quiere privarnos, ni hostilizarnos, porque toda la humanidad contiene a Dios, y Dios no se divide en dos para desarmonizar con El mismo.

Hay una manera de producir lo que remedia una necesidad inmediata. No sirve para producir abundancia constante, pero que sí produce lo que tape el hueco del momento. Es hacerse un cuadro mental, hecho de pura imaginación, y verse recibiendo cantidades de dinero, de billetes y monedas, tanto que no se sabe qué hacer con ellos. Hay que verse llenando la cartera, depositándolo en el Banco, repartiendo y sintiendo la satisfacción de poder dar y hacer feliz a otros. Pero hay que hacer hasta por sentir con los dedos el grano del papel, el crujir de los billetes, el peso de las monedas, etc. Hay que repetir esto mucho para que el subconsciente se impresione y lo reproduzca. No hay que preguntarse "¿Y por dónde me puede llegar?". El canal se le deja a Dios. Esto último es tal vez lo que queda de valioso cuando se ha terminado de gastar el dinero que va a llegar, o sea la constatación de que los canales de Dios son infinitos e inesperados. No se olviden de insistir en que venga bajo la Gracia y de manera perfecta.

LA MAGIA DEL DIEZMO

La práctica del Diezmo se ha hecho una costumbre de toda su vida en muchos de los discípulos de la Verdad. Tanto así que ya piensan en el monto de su dinero como si fuera sólo el noventa por ciento de lo que realmente disponen, ya que automáticamente ponen a un lado el diez por ciento que consideran como perteneciente a Dios, sin que jamás ni sueñen en romper la costumbre. Esto lo hacen inteligentemente, es decir, como Principio, porque han apercibido que es lo correcto. El resultado de este proceder es que estas personas están inmancablemente libres de toda dificultad monetaria. Aunque puedan tener otros problemas, jamás sufren de privaciones ni de fallas en su prosperidad material. Ellas cumplen con la Ley, de manera que inevitablemente manifiestan el resultado.

Este hecho se está haciendo ampliamente conocido hoy en día, pero lo que no es muy bien comprendido es el Principio Espiritual que lo rige. Se me hacen toda especie de preguntas respecto a la forma de diezmar, en cuáles circunstancias es pertinente no diezmar, cuáles sumas se deben diezmar, en qué forma debe ser dividido el diezmo, y que si la práctica del diezmo es una receta infalible para enriquecerse, etc.

La Verdad del Diezmo es que aquellos que ponen aparte el diez por ciento de su entrada neta para el servicio de Dios, y no con el objeto principal de lucrar sino simplemente porque sienten que así debe ser, encuentran que su prosperidad aumenta por saltos y brincos, hasta que todo temor de pobreza desaparece; en tanto que aquellos que diezman porque en su fuero interno lo consideran una buena inversión, esperando que se les devuelva mucho más de lo que dan, son siempre decepcionados, y desde su propio punto de vista están malgastando su dinero.

Dice Malaquías en su versículo 10, capítulo 3: "Traedme todos los diezmos a mi granero y que haya alimento en mi casa, dijo el Señor de los Ejércitos, y verás si no te abro las ventanas del Cielo y te derramo tal bendición que no habrá sitio en que recibirla".

El diezmo ha sido recomendado en muchas partes de la Biblia, y en todas las edades, donde haya habido creyentes en Dios que hayan hecho de esta práctica la piedra angular de sus casas, este edificio construido sobre esa piedra angular los han asegurado de toda necesidad material, cosa TAN ESENCIAL PARA EL DESARROLLO DEL ALMA.

Es cosa muy conocida que muchos de los más prósperos hombres de negocio de hoy, grandes industriales, atribuyen su éxito al haber formado este hábito en su juventud y haberlo mantenido. Miles de estudiantes de la Verdad han escapado de lo que parecía ser una pobreza sin esperanzas, y entrado en la seguridad y el confort por la práctica del diezmo.

El Principio, o Ley del Diezmo, una vez reconocido y aceptado, hace surgir la pregunta: ¿Y qué se debe hacer con el diezmo? En la Ciencia Divina, el Diezmo no se refiere a la caridad general, ni a las donaciones materiales. Se dedica a la divulgación del Conocimiento de la Verdad en alguna u otra forma, generalmente en la mantención de aquellas instituciones o actividades que se ocupan de esto. Cualquiera que comprende la Idea Espiritual sabe muy bien que lo único que salvaría al mundo es conocer la Verdad para quedar libres de toda dificultad; que hasta que el hombre no llegue a conocer la Verdad metafísica nada lo beneficiará realmente; que hasta que este conocimiento se haga general no importa cuánta instrucción seglar ni cuántos descubrimientos científicos, ni proyectos de reformas sociales, ni reconstrucciones políticas lograrán algún bien efectivo; y que una vez que este conocimiento se haga general, todos los problemas políticos y sociales se ajustarán automáticamente, y se harán innecesarias todas las formas de caridad y sistemas de beneficencia. Nosotros que conocemos la Verdad del Ser somos fiduciarios de la humanidad. Aquellos que desconocen esta Verdad continuarán dando su dinero para promover obras benéficas, pero nosotros sabemos que nuestro primer deber es la divulgación de la Verdad.

"Conoced la Verdad y ELLA os hará libres", dijo Jesús.

El determinar la cantidad del diezmo es muy sencillo. No es, como suponen algunos estudiantes. la décima parte de aquello que puedan ellos economizar cada mes. Significa la décima parte de toda la cantidad. Por supuesto, un mercader o comerciante deducirá los gastos de su negocio antes de contar su ganancia NETA, pero es sobre la ganancia neta, antes de deducir ningún gasto personal o de vida, que se debe hacer el diezmo. Las personas que viven de un salario reciben su ganancia neta directamente en esa forma, pero deberán añadirle toda otra entrada, dividendos, inversiones, etc.

Es por supuesto inútil recalcar que no hay la más mínima obligación de diezmar en absoluto, hasta que no le venga a cada uno el estado de conciencia que le haga ver que es preferible hacerlo. Es decir, que es mejor no intentar el diezmo hasta que se esté preparado mentalmente para hacerlo. El dar por una supuesta obligación o un sentido del deber, es dar con temor, y jamás ningún temor trajo prosperidad.

El pago de un diezmo es un gran acto de fe. A menudo sucede que un estudiante de Ciencia Divina siente un deseo profundo de poner toda su fe en Dios, y de poseer una fe verdaderamente científica. Desear esto es tenerlo automáticamente; sin embargo no siempre se puede lograr la convicción absoluta de esto último, y por el hecho de no poder sentir esta sensación él se cree falto de fe cuando en realidad no lo está, pero si él practica el diezmo por convicción de que es lo correcto, esto será la prueba de su fe, no obstante lo que le digan sus sentimientos por el momento.

Algunos creen que porque están en' aprietos no les es posible diezmar por los momentos, pero que lo harán en cuanto sus circunstancias lo permitan. Esto es perder todo el significado porque mientras mayor sea la presente dificultad, mayor la necesidad de diezmar, ya que sabemos que la dificultad presente es debida a una actitud mental (probablemente subconsciente) y por supuesto que las circunstancias no podrán cambiar hasta que haya un cambio en la actitud mental..El diezmar, en verdad espiritual, será una prueba de que la actitud está cambiando, y será seguido por la demostración deseada.

El secreto de demostrar prosperidad por el diezmo es el de comprender, realizar que el único origen de nuestro suministro es Dios, y que el negocio o el empleo, las inversiones o los clientes no representan sino el canal al través de los cuales se está manifestando en ese momento la Providencia que nos viene de Dios. Ahora pues, la práctica de diezmar por motivos espirituales es la prueba concreta de que se ha aceptado esa idea, y la consecuencia inevitable de dicha aceptación es la prosperidad visible. Es fácil ver, pues, la diferencia que existe entre la práctica espiritualmente comprendida y la otra —material e inútil— de apartar la décima parte, a menudo con mala gana, con la esperanza de hacer una buena inversión. Como una expresión de que se considera justicia espiritual, el diezmo es un éxito inevitable. Como inversión egoísta va al fracaso seguro.

La respuesta a la pregunta de cuán a menudo debe ser pagado el diezmo, es también muy sencilla. El momento correcto para pagar el diezmo es al recibir la mesada, o el pago semanal o semi-anual, dependiendo de cómo se recibe la renta. Por lo general es mejor pagar pequeñas sumas que una sola grande, pero no se puede dar una regla general.

"Dad y se os dará": medida buena, apretada, remecida, desbordante; porque la medida que empleáreis para con los demás, esa misma recíprocamente se empleará para con vosotros. (Lucas 6: 38.)

Muchos Maestros de la Verdad han atestiguado de los beneficios infalibles del diezmo. Uno de ellos, John Murray, escribió:

"De acuerdo con la Ley Hebraica, el diezmo quiere decir la décima parte, y se refiere a una forma de impuestos por la cual los hebreos tenían que dar, por Ley Levítica el décimo de su producción (de la tierra o de bestias, etc.) para el servicio de Dios. Es notable que mientras este sistema prevaleció la nación hebrea prosperó, colectiva e individualmente, y donde quiera que ha sido aplicada honesta y finalmente jamás ha fallado. Si el granjero se negara a darle a la tierra una cierta cantidad de maíz y papas, de las que ha recibido de esa tierra, no tendríamos cosechas. ¿Por qué, entonces esperamos a recibir la abundancia de parte de Dios, si le damos tan mezquinamente a su santa causa? Aquellos que diezman siempre están seguros de que tienen a Dios por Socio."

La conexión entre el diezmo y la prosperidad es, después de todo simplemente una expresión de aquella ley que expresa que aquello que nosotros le hacemos al Universo, el Universo nos hace a nosotros. Lo que damos, generosidad o parsimonia, lo recibiremos de nuevo. Igual atrae igual. Que lo que el hombre siembra, eso recoge, y que ningún hombre escapa a la Ley.

El levítico dice: "Y todo el diezmo de la tierra, así sea de semilla o del fruto de árboles, pertenecen al Señor. Es Santificado al Señor". (Levítico 27:30.)

"Honra al Señor con su substancia, y con los primeros frutos de tu abundancia, y tus graneros rebosarán y tus prensas reventarán con vino nuevo". (Proverbios 3:9, 10.)

Después de que Jacob recibió la visión que le dijo que había una escalera mística desde la tierra hasta el cielo (la escalera de la Oración Científica y la actividad justa) decidió de inmediato adoptar la práctica del diezmo realizando que...

"Dios estará conmigo, y me protegerá en mis caminos, me dará el pan y la ropa."

EL ESCALON EN QUE TU TE ENCUENTRAS

Si a ti te gusta todo lo que has leído hasta ahora en esta enseñanza para la Nueva Era; si varias veces en su lectura te has encontrado diciendo "¡Pero si ya yo sabía esto instintivamente!" —"Yo diría que soy una Metafísica nata, porque practico muchas de estas cosas!", entonces ya atravesaste por todas las otras sectas, religiones y credos que existen en el planeta, en el curso de tus vidas pasadas. Todas sus prácticas y teorías las tienes acumuladas. Lo constructivo está en tu Cuerpo Causal, que es el Aura de tu Yo Superior. Lo destructivo está en tus vehículos inferiores (cuerpo físico, cuerpo emocional, cuerpo etérico y cuerpo mental) pero sobre todo, en tu cuerpo etérico está toda la memoria de todo lo que te ha ocurrido en todas tus vidas: nada se pierde. Anota esto muy bien. *Nada se pierde.*

Entonces, si te atraen las enseñanzas Metafísicas; si las comprendes y te absorben, quiere decir que estás preparada para subir un escalón. Si no las aceptas; si no las entiendes; si no te atraen; si más bien te repelen, significa que aún no puedes digerirlas. Te tienes que quedar en otra secta, una menor, donde no se practique el Principio de Mentalismo. En algunas lo encontrarás explicado superficialmente pero sin dársele mayor importancia. Todas esas sectas y doctrinas tienen cosas que tú instintivamente anhelas. Ellas te las darán, y también te darán un cúmulo de conocimientos que te llenan la boca, la mente y las satisfacciones. También te impondrán numerosos ritos, rituales, prácticas físicas, prohibiciones, dietas, ataduras, todo lo cual se puede encerrar en una palabra: LIMITACIONES. Pero si tú las necesitas, ése es tu escalón presente.

No queremos denigrar, ni aminorar, ni desprestigiar a ninguna doctrina. No porque un hermanito sea un niño se le ve como un inferior! Sólo queremos darte seguridad respecto al escalón en que te encuentras ahora.

¿Cómo y por qué sabemos que la Metafísica es la última enseñanza enviada al planeta por los Maestros de la Sabiduría? Por muchas señales. Vamos a empezar por el principio. Ninguna otra doctrina te enseña a resolver tus problemas (La Llave Maestra). Ni a manifestar todo lo que desees (Te Regalo...). Ni a convertir lo imposible en posible (El Coco). Ni te enseña a llevar con tal dulzura y armonía tus negocios al triunfo (Dios en los Negocios). Ni a manifestar el bienestar material en corto tiempo (La Magia del Diezmo). Ni te brinda un desarrollo espiritual inmediato (Cómo Desarrollar el Amor Divino y La Presencia).

Cuando venimos a esta reencarnación, nos borran todos los conocimientos adquiridos en otras vidas porque Jesús dijo "Bienaventurados los pobres en el espíritu, porque de ellos es el Reino de los Cielos". Los conocimientos llenan de orgullo intelectual. Los que ya están preparados para entrar en los estudios espirituales de la Nueva Era, se muestran perezosos en los colegios durante su infancia, y desganados para emprender estudios intelectuales cuando ya son grandes: Un paso dado no hay jamás que volverlo a dar. El que sienta deseos de acumular conocimientos es porque le faltó hacerlo en vida anterior.

Tercer punto: La Nueva Era es la Era de la Liberación. En esta Era se acabarán los ritos complicados, las miles de nimiedades que quitan el tiempo para cosas mejores, más interesantes. Así, cuando en la época del Templo de Jerusalén, la religión imperante ordenaba que cada levita tenía que cumplir con más de seiscientos detalles religiosos, rituales y exigencias diariamente. El Dr. Fox dice que los pobres vivían bajo una conciencia de ineptitud, de esclavitud, de pecado pues, y de acuerdo con el Principio Creador o Ley de Mentalismo, sentirse y considerarse pecador es, de hecho, estar en pecado. No siendo posible cumplir con semejante rigor, se castigaban de manera inmesericorde.

Si los Directores de sectas y religiones que tú practicas, manifiestan enfermedades, miseria, dolor, tristeza, calamidades, etc., sabrás que esos frutos son producto de mentes llenas de errores y falsedades, pues Jesús dijo: "Por sus frutos los conoceréis". No continúes oyéndoles. No tienen nada que enseñarte. Tú eres más adelantado que ellos.

Más adelante en tu estudio de Metafísica aprenderás a quemar el karma tuyo y el ajeno también, sin dolor, sin sufrimiento, aplicando la Divina y maravillosa Llama Violeta (de la Liberación por Amor) que es el regalo del Ascendido Maestro Saint Germain, avatar de la Nueva Era, y para entonces ya podrás ir invocando de tu propio Cuerpo Causal todos los conocimientos y habilidades que son tuyas por derecho de conciéncia, y que tienes acumulados. Por el momento ya puedes ir practicando esta fórmula:

Yo soy la Sabiduría Divina de Dios, El en mí todo lo sabe... continúa con la afirmación titulada "El VERBO PODEROSO", que ya leíste más atrás.

La Práctica de la Presencia de Dios (que es como realmente se llaman estos estudios) te va limpiando y te va desatando, te va instruyendo casi sin necesidad de libros pues Jesús dijo: "El Espíritu Santo, que el Padre te enviará en mi nombre, te enseñará todas las cosas". Te va libertando de una infinidad de limitaciones que antes creías que eran deberes tuyos cumplir; y una de las liberaciones más grandes que te llegará es, que sabrás curar a distancia, resolver los problemas ajenos también a distancia (ya no tendrás tú esos problemas) lo cual te liberta de trabajar en lo material-como tienen que hacer los demás que no tienen el recurso divino del cual tú dispones, y muchas veces verás transformarse situaciones con tu sola presencia, pues es tu estado de conciencia (Conciencia Espiritual y Conciencia Divina) la que eleva la frecuencia electrónica de las vibraciones bajas en contorno tuyo, que pertenece a otros. Entiende: Es la Conciencia que tú tienes de que en ti, en tu prójimo, está la PRESENCIA DE DIOS!

¿QUE ES EL CRISTO?

Les he enseñado siempre que el Cristo es nuestra Verdad. La Verdad de cada uno y que es perfecto y Todopoderoso. Es lo más noble de cada uno.

Vamos a desmenuzarlo para comprenderlo mejor.

Ya ustedes saben que todo tiene vida. Aquello que tiene vida oye, siente y responde. Algo muerto o dormido, ni oye, ni siente, ni responde. ¿Correcto? Recuerden eso. Vida es la capacidad de oír, sentir y responder, contestar o reaccionar.

Vamos a dibujar varios planos. Pondremos aquí 1°: VIDA. Toda cosa viviente o que se ha despertado a la vida, ante todo tiene vida.

Ahora viene: ¿Qué clase de vida? ¿Elemental?, o ¿terrena? ¿Si es elemental, será del aire, del agua o del fuego? ¿Si es terrena será mineral, vegetal, animal o humana?

Una vez que se haya definido esto, viene la individualidad. Todo es uno e indiviso, pero cada cosa muestra una faceta o unos talentos especiales, virtudes o atributos que no son comunes a todos.

En los humanos, por ejemplo, ¿qué aspecto presenta? ¿Tiene la piel negra, blanca? ¿Los ojos azúles, negros? ¿Qué peculiaridad manifiesta? Y si hay tan infinita variedad de clases, aspectos, virtudes, peculiaridades, talentos, tipos, razas, reinos, etc., ¿por qué se dice que todo es uno, un mismo ser?

Primeramente sabemos que todo, absolutamente todo sale de una misma fuente. Eso que llamamos Dios. Por consiguiente, todo es, no solamente UN hijo de Dios, sino El hijo de Dios, porque no hay repetición exacta. Cada cosa es individual. Eso mismo, una sola cosa, un solo ejemplar.

Bueno, pero en esa variedad infinita, hay algo que delate la filiación, la hermandad, la igualdad. Tiene que haber algo que sea exacto en todos. Una especie de marca de fábrica, porque precisamente sale de Dios. Así como en una familia en que todos los miembros sean de diferentes tipos, que ninguno se parece a otro, pero algo hay en todos que señale el parentesco o la filiación. Algo en la forma de la nariz, o en las orejas, o en el hablar. Algo que lo clava a uno con el apellido. ¿Qué nos une a nosotros todos como familiares de Dios? ¿Qué nos identifica? Tres cosas: Conciencia, Inteligencia y Amor. Todo ser viviente tiene conciencia, inteligencia y amor. Nadie es tan malo que no ame aunque sea a su madre o a su perro. Nadie que esté vivo deja de manifestarlo en alguna forma. O bien le late el corazón, o está respirando. Algo está consciente en él. Algo responde, algo siente, algo oye. Está vivo, tiene ya conciencia. Y esto está simbolizado por los tres colores primarios: Azul, Amarillo y Rojo. Todo, absolutamente todo tiene esos tres colores. Todo tiene conciencia, o vida, o lo que es lo mismo: voluntad, eso es azul. Todo tiene inteligencia, amarillo; todo tiene atracción, repulsión, adhesión y cohesión, o sea amor, rojo. Todo, en todos los reinos de la Creación.

Los oídos humanos son torpes. El ser más fino de oído no oye responder a las matas, ni a las células de su cuerpo, por ejemplo. Nadie se da cuenta, por consiguiente, de que los planos invisibles, astrales, etéricos, son una baraunda de sonidos, de voces, una gritería de todo lo que contiene vida. Hemos dicho que todo lo que tiene vida oye, siente y responde. El cuerpo humano, siendo macizo, sólido, no soporta ese vocerío. Yo pido para ustedes que cuando se les despierten esos sentidos espirituales no se encuentren solos. Que estén acompañados, y la mejor compañía es la del Cristo, o sea el Yo Superior que todo lo puede, todo lo sabe, todo lo domina; que es infinito consuelo, infinito amor y ternura.

Ahora ¿qué es pues el Cristo? Es la expresión de esas tres condiciones, Conciencia, Inteligencia y Amor en sus más altos grados. Amor en su grado más puro. Es Voluntad Azul purísima, la de Dios mismo. Es Inteligencia Oro purísima, altísima, como Dios mismo. Es la Esencia de la Divinidad. Es todo lo que somos pero en la escala más alta, más pura, noble, buena y perfecta. Es la esencia de la Verdad. Es el patrón y diseño de la Voluntad de Dios para nosotros, cada uno.

Debemos meditar sobre esto todos los días. Al pensar en El nos enchufamos, como quien dice, en el plano Crístico. Seguimos pensando en El y a los veinte segundos experimentamos un paso como un escalón, nos sentimos más cerca. A los próximos veinte segundos lo sentimos, o lo comenzamos a sentir como una dulzura y como que algo nos eleva. A los terceros veinte segundos nos sentimos felices, que lo amamos y que El nos ama. Si hacemos esto cada día nos pareceremos más a El diseño divino cada día. Nos hacemos más buenos, más puros, bellos, inteligentes, vivos y alertas. Pero recuerden también que El tiene voz y oído. Que no es el mismo oído y la misma voz de nuestro cuerpo. Es un Ser unido y aparte al mismo tiempo. Unido a nosotros y aparte de nosotros. Por eso le podemos hablar y saber qué nos contesta.

Espero que habrán adelantado un poco en la comprensión del Cristo Interior, porque quiero que todas quemen el Karma antiquísimo que está cristalizado, y éste lo quema El Cristo, a quien Emmet Fox llamó "El Señor del Karma".

Hay el Cristo cósmico, y hay el Cristo individual, o sea el Ser Divino, Glorioso dentro de nuestros corazones, hecho de luz 'universal y creado por Dios-Padre y Madre. Este se desarrolla tal como semilla a través de 14.000 años de evolución. (En nuestra conciencia.)

Este Ser crístico es un Ser inteligente, viviente en cada uno de nosotros, y que está más interesado en ti de lo que estás tú mismo. Durante millones de años te ha estado dando hasta el aliento, y te ha sostenido con la esperanza de lograr una oportunidad de exteriorizar el proyecto divino que tienes tú en el plano de la Creación. Acepta esto ahora y deja que este Dios, a través de ti, cumpla Su propio patrón de perfección, Su maestría y dignidad, Su equilibrio y belleza, Su Armonía y libertad. Hagamos juntos la siguiente afirmación:

"Yo acepto ahora la verdad de que poseo un Ser Divino, glorioso, que en este momento está desarrollando y trayendo a mi vida y a mis sentidos la realización de mi propia divinidad. Afirmo que poseo en el centro de mi cabeza un ganglio (chakra) llamado "FE", que genera y produce toda la fe que me es necesaria, de manera que no puedo jamás volver a decir que mi fe es insuficiente. Si tengo a Dios en mí, si todo mi ser es hecho de esencia de Dios mismo, del cuerpo de Dios mismo, mi padre-madre, tengo en mi ser todas las cualidades y todos los atributos de Dios mismo. Gracias Padre que esto es la Verdad."

No hay sino un solo poder en el universo. Acepta ahora que la Presencia de Dios en tu corazón, que está más cerca que tus pies y tus manos, más cerca que el aliento que entra por tu nariz, porque es tu propia vida que te hace latir el corazón, esa Presencia de Dios que se llama "Yo Soy", es una e indivisible con el latido de tu corazón. Ponte la mano sobre el corazón, cuando medites, e invoca tu exquisita Presencia para que guíe tu meditación.

Cada dos mil años el Maestro del Mundo manda a la Tierra un "Cristo", o sea un ser perfeccionado que desea encarnar y traer a la masa de humanos de esa era, la religión que conviene a ese aspecto de la evolución. Esa religión, en el curso de dos mil años se convierte en el estímulo espiritual de las masas encarnadas en ese momento. A medida que se iban sucediendo las eras de evolución, el Maestro del Mundo ha mandado nuevos Cristos, uno tras otro. Es lamentable que el Mismo Cristo no pudiera continuar a través de todos los cambios, ya que todas las religiones se han visto afectadas por resistencias, antagonismos y rebeliones que han sido provocadas siempre por la ola religiosa precedente, cuando sería maravilloso que ola tras ola añadiera su ímpetu, su fuerza a la próxima, haciéndose un gran crescendo en que toda la humanidad se pudiera encontrar cara a cara con su propia divinidad.

¡Hoy estamos al cierre de los ciclos de tiempo! Frente a la abertura de otro ciclo de dos mil años cuando la entrada del Rayo Ceremonial que así se le llama al séptimo rayo, comienza a hacerse sentir por las vidas. Este rayo será la religión de las masas.

El Cristo no es un cuerpo, es una conciencia. Ya saben lo que les enseñé, que las conciencias tienen vida e inteligencia. La conciencia crística o el Cristo nuestro existe porque en el comienzo de nuestra creación por el Creador, lo que funcionaba en nosotros era esa conciencia pura y bella. Ella ha quedado en las altas esferas, esperando que nosotros lleguemos a reunirnos con ella. Se llama el Cristo; y todos estos Cristos se dirigieron al Tribunal Kármico, que está compuesto por siete entidades de sabiduría; y le pidieron permiso para hacer presión en cada uno de nosotros; limpiándonos de todas las cristalizaciones para poder evolucionar rápidamente, quitando y barriendo del mundo todo lo negativo y estableciendo el reino de los cielos en la tierra lo más pronto posible, pues la tierra está en un peligro grande de destruirse por falta de luz como ustedes ya saben. La tierra está, en lo que llaman los maestros, un estado recalcitrante y es que los humanos no hacen caso, no quieren cambiar por más que hacen nuestros guías y seres de luz y los ángeles y nuestros Cristos están sufriendo, cosa insólita, como ustedes comprenderán. Ese es un estado de caos universal que amenaza. El Tribunal Kármico primero dio permiso para que 2.000 Cristos hicieran la prueba. Somos diez billones de seres humanos entre los encarnados y los no encarnados que pertenecemos a la evolución humana y no más de tres billones están encarnados a la vez en la tierra. La prueba dio resultado y el permiso fue aumentado a 200.000, luego a un millón y luego a diez millones.

LA VIDA

Uno de los aspectos de Dios, o de "aquello que llamamos Dios", es Vida. Dios es Vida; entre tantas otras cosas, Dios es nuestra vida y la de todo lo que existe.

La vida toda es una sola, la tuya, la mía, la de la planta, el insecto, el ave, etc. No nos pertenece individualmente. Es una inmensa vida en la cual estamos nosotros flotando. Somos cada uno una esponja en un océano de vida.

Estamos acostumbrados a pensar que cada uno aisladamente posee una cantidad de vida, y que ésta, como el agua en un pocito, rodeado de tierra, se va evaporando y secando, y que le puede caer sucio o algo que le infecte y le contamine. No. A ella, a ese manantial inmenso, inagotable e indestructible, no le puede ocurrir absolutamente nada. Ella no puede morir. Es un chorrerón de energía que fluye a través de nosotros, que nos penetra y que por lo tanto, nos mantiene vivientes, o sea que nosotros somos seres vivientes porque estamos en ella.

Como la raza íntegra cree que el ser humano es un pocito de vida separado y aislado, que es susceptible a la enfermedad, al desgaste por los años, y a la muerte, toda la raza manifiesta esa creencia; pero cuando se borre esa opinión, a fuerza de negarla y afirmar la Verdad, dejarán de enfermarse, de envejecer y de morir. Mientras más se piense y se medite la verdad, más pronto se librará el ser humano de esas falsas creencias, porque la verdad es acumulativa; "Conoced la verdad y *ella* os hará libres", dijo Jesús, y también dijo: "El reino de los cielos es semejante a la levadura, que una mujer tomó y escondió en tres medidas de harina, hasta que todo fue leudado". Más claro no puede estar. El reino de los cielos no es aquello que nos han ofrecido para otro plano si nos portamos bien. (Es el estado de dicha, armonía y adelanto que estamos buscando aquí). Esta meditación que les está aclarando algo que ustedes no conocían; que les está removiendo células que estaban dormidas, es la levadura a que Jesús se refiere. Esta verdad que escuchan hoy continuará trabajando en ustedes, hasta que un día de pronto se les ilumina la idea como un sol. Porque habrá leudado toda la masa.

Estamos habituados y tan endurecidos por la costumbre, a vernos los unos a los otros, que no nos asombra el milagro que representa un personaje que habla, piensa, se mueve, oye y vive solo por sí mismo, sin ningún cable que lo conecte a una corriente eléctrica; sin que esté sembrado en la tierra; ¿y ese otro milagro que ocurre a cada minuto?, un niño que al ser separado de la madre que le comunica su vida, continúa viviendo. Y nada de esto nos llama la atención. Si nos debería provocar todo esto constante asombro y contemplación. ¿Qué es eso? ¿Cómo es eso? ¿O es que ustedes creen que esa maravilla, ese milagro lo hacen la taza de café con leche? La comida y el comer son resabios que nos quedan del reino animal, son instintos animales. Como éstos no piensan ni reaccionan aún, no tienen intuición sino instinto. Aún los rige la célula aquella primitiva que era un estómago, o deseo rudimentario. Ellos obedecen ciegamente al Principio de Generación y a la ley de evolución que ordena la combinación de los elementos y la alteración paulatina de vibraciones.

El hombre ya es pensante, racional e intuitivo. Sus vibraciones se intensifican al pensar en las más altas. Al escuchar, comprender y aceptar la verdad de todas las cosas, acelera su frecuencia y por supuesto se eleva de plano. La meditación, como es pensar profunda y determinadamente en estos altos conceptos, adelanta al ser rápidamente. Por eso los estoy haciendo meditar.

Nosotros somos hijos de Dios, hechos de su propia sustancia. Somos esponjas en un océano de Vida. No necesitamos alimento exterior. Cuando nos compenetramos bien de esta verdad y que la hayamos realizado, nos encontramos comiendo menos y menos, automáticamente, sin hacer ningún esfuerzo ni sacrificio. La levadura de la verdad habrá penetrado toda la masa; las células del cuerpo estarán vibrando a altas frecuencias. La vida es ella misma alimento. Ella es salud, energía, belleza. Es Vida.

¿Han oído hablar de Teresa Neumann? ¿La mujer alemana que manifestó todo esto en esta nuestra era? Pasó para el otro plano hace unos cuantos años. No conozco los pormenores de su traspaso, pero deben ser muy interesantes y significativos, aunque todavía estaba imbuida de conceptos bastante obscuros.

Un día dejó de comer y beber, y así vivió unos cuarenta y cinco años, o hasta que se fue de este plano. Durante varios años estuvo constantemente vigilada por fiscales del gobierno alemán para comprobar esta verdad.

A mí me tocó hacer el reportaje para una revista y tuve que investigar todo lo que se publicaba sobre ella. Sus fotos eran de una muchacha gorda, llena de salud y energías; una granjera que ordeñaba vacas, sembraba y recogía las cosechas, manejando el pico y la escardilla a cual mejor.

Tenía una manifestación muy original y era que los viernes de Semana Santa se le abrían las heridas de Cristo en las manos y en los pies. Más tarde llegó a conservarlas abiertas siempre. No se le infectaban y jamás volvió a probar una gota de agua ni un bocado de comida alguno. El gobierno alemán lo comprobó.

En la Biblia las palabras comer y beber significan "meditar y pensar". Beber, o pensar, es la cosa flúida, líquida, que no hay que mascarla. Comer o meditar, es detenido, profundamente mascullado y digerido. "El que come mi carne y bebe mi sangre, tiene vida eterna, y yo le resucitaré el día postrero. Porque mi carne es verdadera comida y mi sangre es verdadera bebida. El que come mi carne y bebe mi sangre, en mí mora y yo en él... *Este es el pan que descendió del cielo*... el que come este pan vivirá eternamente".

Dios es vida, El hijo de Dios es esa misma vida. Pensar, meditar en la verdad de Dios, es comer de ese pan, es apropiar esa verdad.

Apropiar es aceptar, creer, ya ustedes saben que lo que uno sabe lo manifiesta.

Medita pues sobre la vida en los términos que te he dado. Dios es Vida, la tuya, la mía, la de todos (somos esponjas en un Océano de Vida). La Vida no necesita alimentarse del exterior. ¿Qué cosa podría comunicarle vida a la Vida misma, si ella es la dadora de Vida?

LA MUERTE

Cuando una madre ve a su hijo agonizando, o cuando muere un niño pequeño, o cuando desaparece un padre o una madre, dejando una familia entera sin sostén, sin apoyo, viene alguien y por todo consuelo le dice a los adoloridos: "Esta es una prueba que manda Dios. Hay que resignarse ante la voluntad del Padre". Ya tú sabes que ésas son blasfemias que indican fe en el mal y creencia en un Dios cruel, inventado por la mente de los hombres.

Primeramente, ya saben ustedes que la muerte no existe, sólo se está cambiando de modo de vivir. Es sólo una de tantas miles de mudanzas que efectúa el ser humano en el proceso de su evolución.

Cuando la familia crece, la casa resulta pequeña, y se mudan para una más grande. Cuando un par de zapatos se pone inservible, se dejan y se usan otros nuevos. Ya aquella casa y aquellos zapatos *cumplieron su misión:* y esto es la muerte. El término de una misión.

No me dirán ustedes que un niño muere porque se vuelve inservible o porque ha aprendido lo que vino a aprender. No me dirán que un joven de 24 años está usado, gastado, viejo y que no sirve; ahora es que comienza su misión.

La voluntad de Dios es que el ser humano termine de cumplir su misión y que llegue a término gozando de todas sus facultades, fuerte y sano. Ni a Dios ni al hombre le es de ninguna ventaja que uno desperdicie una gran parte de su estancia en la Tierra, sordo, medio ciego, feo, en ese estado innecesariamente desagradable que se llama "la vejez" o "senilidad". Dios tampoco quiere que se tronche, se interrumpa o se malogre el propósito de una vida.

Habrán notado ustedes que cuando desaparece una persona muy anciana, nadie se hunde en la desesperación. Aquella muerte no produce sino una emoción dulce, cariñosa, acompañada hasta de una sonrisa tierna, los hijos del que se va tienen sus vidas desbordantes con sus propios intereses, apenas sienten nostalgia por el viejecito o la viejecita; y al terminar de enterrarlo todo el mundo reanuda su vida sin mayor conmoción. Ese es el ideal. Esa sí es la voluntad de Dios; que los seres queridos se separen sin desgarramiento, sin sensación de terrible vacío, y que sólo queden recuerdos gratos, además de ciertos contentos de que el que se fue pasó a mejor vida.

En lugar de desperdiciar poder y energía, temiendo que muera un hijo, una madre o esposo (y que es la manera más segura de verlo suceder) hay que emplear esa energía en decir: "Pues yo no quiero que muera ninguno de los míos hasta que termine de cumplir su misión. Hágase la voluntad de Dios. Gracias, Padre, que ya me has oído". Y cada vez que la idea se ofrezca a la mente, decirle: "No, gracias. No te necesito. Conozco la Verdad", como quien despide a un vendedor inoportuno que llega a la puerta.

Este es el conocimiento de la Verdad que liberta, es lo que se llama "Fe".

Ya ves tú por qué muere a destiempo un ser, y por qué no puede morir si alguno de los que lo rodean tiene fe.

Si logra entrar un metafísico al cuarto del enfermo, las vibraciones positivas de su pensamiento cambian la polaridad negativa que impera en la habitación; porque la luz siempre domina la obscuridad; porque el positivo domina al negativo; porque el Bien domina al mal; porque la verdad desvirtúa la mentira. El sabe que aquella vida es valiosa y que Dios no quiere que sea tronchada. Lo primero que hace es recordar las palabras que nos dejó Jesús: "Toda autoridad me ha sido dada en el cielo y en la tierra" y con la fe del que conoce la Verdad, la declara y el enfermo se cura.

Ustedes preguntarán lo que pregunta todos los principiantes: ¿Y si tiene una enfermedad incurable? ¿Y si ha sufrido un accidente que le ha dañado un órgano vital? ¿Y si no sobrevive a lo que se le haga?

Primeramente, aún la religión ha enseñado hasta la saciedad que "para Dios no hay nada imposible". Esto ha de tomarse en serio, quiero decir textualmente, que para el poder espiritual un órgano destruido o un mal de los llamados "incurables" representan obstáculos *únicamente* para los humanos. Son menos que nada para la Vida. Ella es indestructible, y está previsto que ella se repara ella misma, si las mentes humanas no le cierran el paso con sus falsas creencias.

El polo negativo también es de Dios; todo es de Dios. Contra el libre albedrío no actúa ni Dios mismo; y si tú prefieres situarte en el polo negativo tendrás todo lo que a él pertenece.

Al polo positivo pertenece la sonrisa. Al negativo pertenece el ceño fruncido. Si quieres cambiar de polo en plena manifestación negativa, sonríe, declara el Bien presente, bendícelo y dile al negativo "no te quiero ver". Eso es todo, y verás transformarse lo negro en blanco, lo triste en alegre, el mal en bien. Pruébalo.

En la mayoría de los "milagros" que hacía Jesús le decía al paciente: "tu fe te ha salvado" y lo demostraba, desde sanar una llaga, movilizar a un paralítico, dar la vista a un ciego, y por último, resucitar muertos. No ya órganos destruidos o males diz que "incurables", sino muertos, muertos, muertos, ya en la tumba malolientes, como Lázaro. Manifestando así que para la fe no existe lo "imposible".

Los discípulos le preguntaban a Jesús lo mismo que preguntan ustedes a veces: "¿Por qué no se me dio tal y cual cosa cuando yo hice todo lo que tú me dijiste que hiciera?". Y él les respondía: "Por vuestra poca fe". Nunca dijo que porque él era el Hijo de Dios y los demás no; sino lo contrario. Dijo: "Sois dioses", y de cierto os digo que si tuviéreis fe como un grano de mostaza diréis a ese monte, pásate de aquí allá y se pasará. Y NADA OS SERA IMPOSIBLE".

Tampoco regañaba a nadie por no tener fe, porque él sabía que la fe viene con el conocimiento. Les explicó por qué no podían hacer los milagros que él hacía; y les dijo: "Todas estas cosas que yo hago, las haréis vosotros también, y cosas mayores aún". No sé qué otra interpretación se le puede dar a algo tan categórico y tan claro.

Jesús enseñaba metafísica. La prueba es que todo el que estudia metafísica hace "milagros" como Jesús.

Ahora dirán ustedes que muchas veces se manifiestan milagros a personas que no conocen un ápice de metafísica. ¡Claro está! No se necesita sino tener fe. Esa fe que llaman "ciega" y que sin embargo produce resultados, es simplemente que el paciente sitúa su pensamiento en Dios o en alguna entidad, en un santo, o en el Cristo, o en el plano espiritual; y al mismo tiempo siente la confianza que ha puesto en él. Confía, su ansiedad se relaja. Calla y espera.

Te he visto y te he escuchado innumerables veces *protestar* "¡pero si yo estaba segura, segurísima que esto me iba a resultar, y nada!" ¿Segura? *Segurísima.* ¿Con los músculos tensos? ¿Contándole a todo el que se te acerque el mal que estás *segurísima* de curar? La diferencia es sutil pero creo que me habrás comprendido.

Cada vez que Jesús sanaba a alguno le decía: "Vete y no se lo digas a nadie". Esto no era por modestia, sino porque formaba parte de la técnica. El pollito no revienta su cáscara hasta que está completo, con plumas y todo. Tú no sacas una gelatina de su molde hasta que está firme. "Como es abajo es arriba".

Toda creación atraviesa siete etapas antes de manifestarse en lo exterior. Estas etapas son a veces recorridas en un centésimo de segundo, dependiendo del poder espiritual del que la ejecuta. Si su comprensión y sus conocimientos son grandes como en Jesús, la manifestación es instantánea y significa que las siete etapas se sucedieron con velocidad atómica; pero si es un principiante en la ciencia espiritual, las etapas toman, a veces, hasta años en cumplirse.

Las palabras son pensamientos hablados. Son vibración de sonido, por la vía de ellas se dispersa la energía, y en este caso, se le resta impulso a la manifestación. Los estudiantes o principiantes deben frenar el deseo de comentar los "tratamientos" que estén haciendo; los que piensen hacer y los que acaban de hacer; hasta que la demostración esté muy segura, muy firme.

En el hebreo antiguo, se le decía "El Sabát" a la última etapa creadora (cuando surge una demostración y se sabe que el trabajo ha terminado). Esa palabra dio origen a nuestro "Sábado". En la Biblia, desde Génesis hasta San Juan, dice que en el Sabát cesa todo trabajo. La Creación está descrita como habiendo ocurrido en siete días (o sean las siete etapas que he mencionado más arriba) y que en el "Sabát" Dios descansó de su obra, o sea en el séptimo día. La psicoterapia está descubriendo lo que la metafísica conoce desde siempre: la relación que hay entre las ideas de los humanos y sus males físicos. Aún la medicina general tan reacia a reconocer lo mental-espiritual, ha llegado a ver en las preocupaciones, la causa de la úlcera y los infartos. No tardará mucho en descubrir que los resentimientos y el remordimiento son cultivos que producen cáncer.

Los sentimientos reprimidos por temor de pecar o de ofender, así como la conciencia de culpabilidad, causan parálisis, artritis y alergias. La materia es la esponja que absorbe todo lo que el hombre no desea que salga al exterior.

Hay un tipo de sentimiento que es demasiado fuerte y violento para que ninguna materia humana lo pueda soportar, y es lo que llamamos el "negativo abstracto". Por ejemplo: el odio desenfrenado de una raza contra otra; de una nación hacia otra, etc. A veces se desahoga por medio de una guerra y ambos lados se destrozan, se empobrecen; pero mientran tanto, hay "mala sangre" que *tiene* que buscar una salida; que no puede materializarse en la sutil y refinada contextura del cuerpo humano porque pertenece a una región inferior, y que encuentra por fin su asilo en formas inferiores: en las bestias salvajes, el león, el tigre, las serpientes venenosas, los insectos ponzoñosos, las espinas dañinas de ciertas plantas, y bajo tierra!

Por contra, hay sentimientos y pensamientos tan elevados, tan espirituales y bellos que tampoco encuentran formas en la materia por ser ésta grosera en comparación; y que planean, como quien dice, siempre a la orden de quienes las han creado. Este, el "positivo abstracto" se encarna con todo lo bello que encuentra; en los copos de nieve con sus formas geométricas, en las flores, perfumes, etc., hasta donde lo soporte la vibración material. Ahora, no hay ser humano algo adelantado que no se haya extasiado, aunque no sea sino una vez, ante un paisaje, una puesta de sol, un cuadro evocador, una bella flor, un niño, un rostro amado, un poema, una música, un color, o un **pensamiento** leído. Estas emociones con sus pensamientos acompañantes son puros, sin malicia, desinteresados, hechos de sensibilidad y de amor. No hay nada en el plano físico que los pueda encarnar; sin embargo son "creaciones" de los hombres y toman forma viviente. Se convierten en entidades poderosas. A estas entidades bellas, luminosas, potentes, las llamamos "ángeles", y hay seres humanos que poseen legiones que están al mandar de sus dueños y creadores.

A éstos se refería Jesús, cuando dijo: "Haceos tesoros en los cielos, que no se agoten, donde ladrón no llega ni la polilla destruye. (Ver el Derecho de conciencia en el Mandamiento "No robarás").

¿Has oído decir "las plegarias de las madres llegan al trono de Dios"? La gente considera que ésta es sólo una forma poética. No Significa lo que expresa. Es decir que cuando el amor de una madre es desinteresado, sin egoísmo, ellas viven produciendo formas angélicas y dirigiéndolas hacia el objeto de su ternura. Cuando su cariño está impregnado de temor y angustia, la forma ya no es angélica sino distorsionada. A veces se torna diabólica y produce lo que ella teme. El niño se enferma, sufre accidentes y también muere prematuramente. La pobre no sabe y cree que es la voluntad de Dios. Ella sufre sus torturas resignada, y de allí que el símbolo humano de la madre es María con su hijo muerto en sus brazos, y el nombre de María significa "MAR" (amargo).

Nada de esto es necesario. No representa la Verdad. Para proteger a quien sea contra nuestros propios conceptos y falsas promesas, los metafísicos hacemos tratamientos en los términos siguientes: "De acuerdo con la voluntad de Dios, *yo no quiero* que ninguno de mis seres queridos sufran enfermedades, inarmonías, accidentes, ni que mueran antes de haber cumplido su cometido en este mundo; por lo tanto no habremos nunca de sufrir, ni ellos por mi desaparición, ni yo por la de ellos. Esa es la Ley de Dios y yo me amoldo voluntariamente a ella. Gracias Padre por tu grandeza". Si te sientes capaz de entender tu pensamiento para incluir a otros que no sean de tu círculo familiar inmediato, mejor.

De ahora en adelante no tendrás que temer jamás el dolor de la muerte, ni tuya ni ajena. Por lo general, la gente rechaza violentamente, o con terror, una idea de muerte. Esto es contraproducente. Cuando la idea se ofrezca, o sea, que se presenta a la mente, todo lo que hay que hacer es decirle con toda calma pero con firmeza: "no, gracias. No me eres necesaria. Conozco la verdad", y luego proceder a pensar en otra cosa.

La idea que viene así sin provocación, no es tuya. Es un pensamiento ajeno que flota, que entra y sale, o que pasa a través de ti, porque la errónea interpretación de la muerte está tan generalizada y es tan antigua, que toda la raza está paralizada en la idea. Por esto dijo Jesús: "El último enemigo a vencer es la muerte", o sea, la idea de la muerte. Nadie quiere morir. Le tienen miedo, y por lo mismo mueren antes de tiempo. La vida ha sido recortada por el temor; de novecientos años que vivieron los patriarcas, a noventa que es el lapso que se vive hoy. Raros son los casos de cien años o más. Estos son de temperamento plácido.

Tenemos el derecho inviolable de conservar todas nuestras facultades y todos nuestros órganos intactos, tanto tiempo como nos sean necesarios; y como en todo momento nos son necesarios mientras vivamos en un cuerpo físico, tienen que servirnos al máximum de capacidad hasta el mismo momento en que pasamos al plano incorpóreo.

NO ES VERDAD que haya que perder vehículos e instrumentos tan indispensables como los dientes, el oído, ia vista, los pies, las manos, los órganos vitales, en fin, todo el equipo humano. Este es un universo inteligente y no sería inteligente fabricar un automóvil sin ruedas, un televisor sin pantalla, un teléfono sin bocina, etc., etc. "Como es abajo es arriba". De ahora en adelante cada vez que tu anatomía quiera manifestar algún desperfecto: así como cada vez que te venga una de esas ideas erradas de temor a perder o dañársete una facultad dirás *cortesmente*, pero con firmeza: "No. Nada de eso. No quiero. Tú existes para mi conveniencia, para servirme, y Dios no hace una idea incompleta. Gracias, no lo necesito, no me sirve para nada una idea tan absurda". Este pequeño regaño no va, sino para tu propia conciencia, tu subconsciente, al cual le diste en el pasado una orden que él está cumpliendo; pues la materia no tiene ni voz ni voto. Ella no sabe nada. Es únicamente un vehículo, una cosa.

No hay por eso que despreciar ninguno de los canales que nos proporciona el espíritu divino. La medicina es un canal y un recurso previsto para aquellos que desconocen la Verdad. Si tu fe no se ha establecido aún, debes aprovechar todas las ventajas y todas las armas que tienes a la mano. Al mismo tiempo, como la materia y el espíritu no se pueden divorciar, hay elementos materiales que el espíritu utiliza en un momento dado, como hay elementos espirituales que la materia recibe con ventaja. Me refiero a que hay vibraciones que cambian el orden químico en una sustancia, y sustancias químicas que emanan radiaciones especiales. Después de hecho un tratamiento espiritual, viene a veces un impulso de echar mano a un proceso estrictamente físico. Hay que obedecerlo. Es una inspiración. La inteligencia divina sabe lo que hace. Verás cómo utiliza el espíritu sus vehículos materiales. Es a veces asombroso. Pero nos demuestra una vez más que Dios no está, como se ha creído, separado de su Creación, sino íntimamente ligado y compenetrándola toda.

Utiliza todos los canales de Dios. Todos. Cuando utilices un canal físico, digamos un médico, un proceso, una pastilla de aspirina, o lo que sea, bendice el canal. Así aumentas el bien que contiene para ti y para otros. Así estarás practicando la Presencia de Dios, pues Dios es el Bien. Utiliza a tus ángeles. Puede que tengas legiones. Están para servirte. Su naturaleza es vida, amor y bien.

A todo el que quieras ver protegido, "ponle un ángel". Cuando te acuestes a dormir pon un ángel en cada puerta y en cada ventana. Jamás podrá acercarse alguno que lleve intenciones negativas. Si lo logra sentirá un desgano súbito y se alejará rápidamente, porque las vibraciones potentísimas del bien dominan las del mal como la luz ilumina a la obscuridad. Cuando salgas dejando tu casa sola rodéala de ángeles. Sienta un ángel al lado del chofer que te lleva o que lleva a tus seres queridos. Esto es el amor en acción. Pruébalo una sola vez y quedarás para siempre convencido.

Con todo esto te habrás dado cuenta de que la muerte no es sino un renacer. Es continuación de Vida.

Para cerrar quiero bendecirte con esta afirmación: No hay en tu vida sino una sola presencia, un solo Poder. "Dios", el Bien omnipotente.

MEDICINA ALOPATA-SICOLOGA

Para nuestros efectos, aunque la Medicina tiene una gran variedad de ramas y ramificaciones, diremos que tiene dos grandes ramas: La General y la Especialización.

Diremos que la General estudia estrictamente al cuerpo humano, la anatomía y los males que se manifiestan en esa anatomía. Es pues un estudio de la materia normal, en estado saludable, y los estados anormales que se manifiestan, junto con las medicinas que los curan.

La especialización entonces se limita a un solo sector como la psicoterapia, por ejemplo. Pero fíjense en que ningún médico alópata (que es la medicina corriente) cuando usted lo consulta por un dolor de estómago, por ejemplo, jamás pregunta si el enfermo es feliz en su hogar o en su trabajo, si tiene perturbaciones del ánimo por causa de personas que lo rodean y si tiene preocupaciones. Ahora es que se está comenzando a comprender que la úlcera estomacal es producida por los problemas que preocupan (porque hay problemas que interesan y no hacen sufrir). Ningún médico se interesa en saber si las condiciones de vida de un paciente son agradables o no, y como veremos luego, hay cantidad de enfermedades que no son otra cosa que incomodidad e infelicidad, desajuste con el medio en que se vive, inconformidad con una situación-ambiente.

El sicólogo y el siquiatra sí tratan de determinar si el enfermo está reaccionando a una condición exterior, luego hay cantidad de enfermedades que no son otra cosa, pero como nadie sale a consultar un siquiatra cuando tiene un dolor de estómago, lo que sucede por regla general es que el médico a quien se consulta se limita a averiguar cuál de las comidas no se digieren bien, y abre un librito que contiene los nombres de infinidad de remedios y para qué sirven. De allí copia una receta o regala una muestra. Si el paciente regresa a continuar recetándose porque no se le ha quitado el dolor, el médico entonces dice: "Ah, esto es una colitis", o "una apendicitis crónica". Aconseja la operación, por supuesto, para la apendicitis, o recomienda una dieta estricta para la colitis, y el enfermo sigue lo mismo. ¡El enfermo se cura solo al fin! Ya veremos por qué.

En metafísica estudiamos el medio ambiente y los problemas del enfermo, y sabemos a qué se deben muchas de las enfermedades; sabemos que la colitis es sicosomática. Que los males del hígado, del estómago, de los intestinos también, y que el azúcar en la sangre es una complicación síquica muy interesante y profunda.

Como nosotros sabemos que todo tiene su origen en la mente, podemos relacionar también los sucesos exteriores con los interiores, y viceversa.

Dios nos hizo para ser y estar felices. Un ser feliz jamás está enfermo. Lo mismo que un enfermo jamás es feliz.

Ustedes todos conocen el hecho de que al interrumpir el circuito del mal humor con una sonrisa, se cura el hígado. Desaparece la bilis. Está descrito en mi libro "Metafísica al Alcance de Todos", pero vamos a recordarlo.

Cuando una persona sufre un desagrado y amarra la cara, como decimos, este gesto, que no es sino un pensamiento exteriorizado o actuado, tiene una influencia directa con la glándula pineal que es la glándula de la visión psíquica y astral. De allí baja la amarga vibración por el líquido céfalo-raquídeo en la columna vertebral, luego impregna el hígado, amarga y forma bilis, y esa bilis causa otra vez la expresión de desagrado en la cara, como también el gusto de amargor con que la persona amanece. Es un círculo vicioso muy fácil de cortar. Todo lo que hay que hacer es sentirse feliz. ¿Cómo se hace para sentirse feliz? Es fácil también, si se tiene voluntad.

Primeramente hay que sonreír. Obligadamente aunque no se sientan ganas. La primera sonrisa será indudablemente forzada, con las comisuras de los labios apuntando hacia abajo, pero el segundo esfuerzo será mejor. Ahora hay que comenzar a dar gracias en alta voz por todo lo que uno ve que posee. Desde un fósforo, la ropa, los muebles, los familiares, el sol si está brillando o la lluvia si está cayendo. Todo, absolutamente todo, representa un bien en su momento apropiado y nos haría falta en un momento dado, si no lo tuviéramos, de manera que, pensando en esto, nos dan deseos de dar gracias, de agradecerlo a Dios. Ya está. Estamos pensando en Dios, sentimos gratitud, y esta combinación dulcifica el hígado. Se corta el circuito vicioso y se cura el mal.

Si todos siguiéramos esta práctica, jamás se nos perturbarían ni el hígado ni la vida.

Cuando se siente uno MUY afligido, para curar instantáneamente la aflicción hay que comenzar a declarar inmediatamente: "Bendigo el Bien en esta situación". No hay forma más eficaz para hacer desaparecer toda aflicción, para impedir que se nos convierta en causa y efecto de un mal mayor, y para evitar formar karmas, ya que como ustedes saben, la bendición aumenta el Bien que se bendice, transforma el mal en bien, y es ver a Dios allí donde aparenta estar el mal. ¡Es la más perfecta expresión de fe! No hay mal que se pueda resistir a la bendición del Bien que se esté ocultando tras de una apariencia de mal. Pruébenlo y verán cómo se transforma el mal en bien y se cura toda aflicción.

La colitis y los males intestinales son resultados nerviosos de los temores y desagrados que se estén experimentando en la vida diaria, en el hogar o el trabajo. Muy sorpresivamente la diarrea a veces es ocasionada por demasiado estudio de las cosas espirituales. Parecería que lo espiritual lógicamente debería curar automáticamente lo que ande mal ¿verdad? Pero si la persona mezcla su pensamiento negativo, pesimista y doloroso con sus súplicas a Dios, está creando un disparate. Está formándose una figura errada de Dios. Lo que formó es un dios (con minúscula) doloroso y purgativo, pero no de misericordia. Muchas veces los principiantes encuentran que después de las primeras lecciones de metafísica se les "afloja" el estómago. Ellos no relacionan esto con las lecciones, por supuesto, pero es ocasionado porque han recibido mucho material nuevo, muchas ideas a la vez, y el organismo se defiende eliminando todo lo que no se ha podido asimilar, y se va por los intestinos.

Tenemos cuatro cuerpos inferiores. El cuerpo emocional, el cuerpo mental, el cuerpo etérico y el cuerpo físico. Del cuerpo etérico les diré que es el depósito de todos los recuerdos de todas nuestras vidas. Por supuesto que si en vidas pasadas hay impresiones tan grandes, experiencias tan destacadas o que han durado mucho tiempo, estaremos muy influenciados por esas impresiones, y todo lo que nos ocurre lo "teñimos" como quien dice, con el color de esa experiencia o esa convicción destacada. Por ejemplo, conozco a una señora que pasó muchas vidas, y si no varias, por lo menos una vida entera y muy reciente, siendo profundamente católica, y en la época victoriana en que todo era melodrama. Las novelas, las comedias, etc. Ella ha traído pues a esta vida, una costumbre muy arraigada de convertir todo en melodrama, y todo lo religioso en doloroso. Para ella la figura de Cristo está representada por el Crucificado y la Mater Dolorosa a los pies. Hasta la risa de ella es con las cejas en acento circunflejo. Por supuesto aunque ella desea ardientemente ser feliz, no lo puede porque su cuerpo etérico la doblega en el sentido del dolor. Es el caso de que goza con el dolor porque es donde ella se siente más cómoda, más en casa, más familiar ¿comprenden? Además del cuerpo etérico deforme, tiene el cuerpo emocional muy grande, muy descontrolado, lo cual la hace excesivamente emotiva. Le costará mucho aceptar la nueva ola metafísica que va alineando los cuatro cuerpos en un solo molde para funcionar en armonía y ordenadamente.

Respecto al azúcar en la sangre, o lo que comúnmente se dice "diabetes", pasen revista en su mente por todos los que sufren de ese mal, y recordarán que por regla general, todos son de carácter dulce. Las condiciones externas, contrarias a su modo de ser, los afectan enormemente. Al principio se encuentran impedidos de reaccionar. No pueden dejarse ir en protestas ni explotar en ira porque es contrario a su ser innato. A ellos les haría mucho bien poder defenderse con una explosión de palabras, pero no lo logran por su dulzura original. Entonces esa dulzura se agria, se acumula y tiene que desahogarse por alguna parte. El coma diabético es la incapacidad de soportar más la carga de dulzura envenenada, que se manifiesta en azúcar por cantidades superiores a lo habitual, pues ya una vez formado el círculo vicioso, es la defensa que adopta el organismo. Defensa relativa, por supuesto, ya que esta forma de defensa mata también, pero el caso es que por incapacidad de reaccionar en lo exterior, se reacciona a costas del interior. ¿Quién chupa el exceso? La sangre.

Yo conocí a un sicoanalista que recomendó a un paciente tener siempre a mano veinte platos de loza para cuando tuviera un desagrado los rompiera lanzándolos contra una pared. Indudablemente lo hizo para que ese paciente no se reprimiera. Seguramente que tenía tendencia a ser introvertido. Pero eso sería un buen remedio para los diabéticos.

Voy a terminar contándoles un caso que tuve reciente-
mente. Tomé una muchacha para servicio de adentro. La
chica venía precedida con el diagnóstico médico de apen-
ditis crónica. La operación no era urgente, pero había
que operarla algún día, decía el médico. A los tres días
de estar en mi casa le dio el dolor. Yo decidí comprobar primero si era o no del apéndice o si era, como yo sos-
pechaba, resultados del ambiente de la casa que ella había
dejado. Era una casa donde no había paz, donde nada de
lo que se hiciera resultaba bien porque una anciana
enferma mantenía aquello en hervidero. A la chica le daba
el dolor con vómitos. Esto es clásico de la apendicitis,
como también es típico de los disgustos. Podía ser una cosa
u otra, pero yo no me iba a dejar influenciar por el diagnóstico. Le di tres pastillas de menta y le dije: "Chúpate una
ahora mismo. Dentro de media hora te chupas otra, y a la
tercera media hora te chupas la tercera". Se le pasó el
dolor y yo entonces aproveché y le dije: "Mejor es que no
te repita ese dolor porque mi convenio con la señora que
te mandó a mí fue que si te repetía el dolor yo te devolvería
a ella y tendrías que seguir trabajando donde estabas. Además, voy a darte la buena noticia de que no tienes apendicitis crónica. Lo que tienes es un dolor nervioso por los
disgustos, que tenías constantemente, y como aquí no tienes
disgustos no hay razón para que tengas ese dolor. ¿Estás
feliz conmigo? Sí, señora. ¿Estás en paz? Sí, señora. ¿Tienes
todo lo que quieres? Sí, señora. Muy bien, entonces ya·se
acabó ese dolor". Y así fue. Esto me lo inspiró José Gre-
gorio Hernández porque yo se la encomendé a él. Como él
es protector mío, le dije que si había que operarla, lo hiciera él.

DICE SAN PABLO: "ORAR SIN CESAR" ¿QUE ES ESO?

Si no tienes tiempo para la oración, el tratamiento y la meditación, o sea, que si no tienes tiempo para dedicarle a Dios, es porque todo tu tiempo estará ocupado con problemas y enfermedades. Esta es una manera sutil de decirte que todo el tiempo que le dediques a lo espiritual lo pasarás libre de todo lo que hoy te preocupa.

San Pablo dice en su primera epístola a los Tesalonicenses: "Orad sin cesar". Nosotros sabemos que él no quiso decir con esto que pasáramos la vida de rodillas y pasando el rosario. Nosotros sabemos que todo pensamiento, toda emoción, toda palabra que pronunciamos equivalen a las plegarias más sinceras; y que es el *temor* mental que mantenemos, lo que determina el carácter, malo o bueno, de lo que nos sucede. Todo el día y todos los días estamos orando. ¿Como? En mal o en bien.

Orad sin cesar significa que mantengamos nuestra mente y nuestra alma vibrando en plano alto. Ya ustedes todos saben que el positivo es de alta vibración. Que la Verdad espiritual es de altísima vibración. Que pensar el Bien es de la misma altísima vibración. Que la sonrisa, el canto, la alabanza y dar gracias con el sentido común, la calma en lugar de la nerviosidad, la caridad en lugar de la crítica, todas son expresiones de amor puro, y este es el estado de alta vibración que equivale a la más potente oración que se pueda hacer. Mantenerse en paz, contento y ecuánime, es orar sin cesar.

Ahora les diré el versículo completo de San Pablo. Dice así: "Estad siempre gozosos. Orad sin cesar. En todo dad gracias a Dios; porque esta es la voluntad de Dios en Cristo Jesús respecto de vosotros". ¿No es asombroso cómo pudo ese gran metafísico que fue Pablo de Tarso resumir en tan pocas frases, íntegra la técnica de la oración científica? Es la ciencia de la vida en una cápsula: Estad siempre gozosos, orad sin cesar, en todo dad gracias a Dios, porque esa es la voluntad de Dios para vosotros. No se puede agregar una sola palabra más, después que se conocen los *"por qué"* de estas recomendaciones. Yo he resumido aún más la enseñanza, sin que esto signifique que me quiero hacer aparecer más grande que Pablo de Tarso! No, pero una vez que ustedes han absorbido la Verdad detrás de la apariencia, yo les digo que basta con recordar las dos frases: "Estén siempre gozosos y en todo den gracias a Dios", así es que ya todos ustedes saben lo que quiere decir: "Orad sin cesar".

Voy a darles unos ejemplos sencillos y prácticos que si los adoptan tendrán la seguridad de estar orando sin cesar.

El primero es el saludo. 1.—El verbo saludar quiere decir "salud dar", o dar salud. ¿Quieren ustedes algo más generoso, más desinteresado y más noble que el *darle* salud al amigo y al familiar, al verlo? Pero el saludo ha perdido todo su significado con la costumbre y la rutina. Se hace sólo como gesto de cortesía, por cumplir con la buena educación, o, si se saluda a algún conocido por la calle, es un signo de mero reconocimiento. El metafísico procede distinto. Hace una de dos cosas. O bien le pone intención al saludo, y junto con la sonrisa y el gesto piensa: "Te doy salud", o dice mentalmente: "Saludo tu Cristo interior", y no se limita únicamente a los amigos y los familiares. Se lo brinda a toda persona a quien se dirija, al chofer de taxi que lo conduce, a la vendedora en la tienda, a la foto que mira de paso en el periódico, al repartidor, al cobrador, a' cajero del Banco, y muy en especial a los lisiados y a los pordioseros que encuentra a su paso por la calle. Estas insignificancias son dardos cargados de vibraciones de luz potente que le hacen más bien a quien los recibe, que la moneda casual, si es un pobre, o al pasar indiferente si es un conocido. Además, se devuelve en salud y amor. Lo comprobarán ustedes al ver la atracción que ejercen y en la buena acogida que les muestran en todas partes. Ya más nunca tendrán quejas de cómo han sido tratados por todos aquellos a quienes contacten, y les sorprenderán los elogios con que serán descritos; y es porque la buena voluntad tiene un imán irresistible.

No bendigan a todo el que vean. Jamás bendigan a los pasantes ni al vulgo. La bendición acumula aquello que es bendecido, y no es prueba de amor ni de sabiduría bendecir los efectos, pues se estará aumentando y engrandeciendo también el cúmulo de errores, y de acuerdo con la ley del bumerang, estos correrán hacia aquel que les dan tan bella acogida, produciéndose una gran confusión mental. Hay que bendecir la Verdad, el Hijo de Dios, o el Cristo interior (si es que te gusta más este término) cualquiera que sea la imagen del Ser perfecto que tú concibas, invócalo cuando se te ofrezca la ocasión; es el mismo tuyo que estás mirando en un espejo. Dios y el Hijo son uno mismo.

Si te es más fácil pensar que cada átomo de lo que estás viendo es sustancia divina, piénsalo así. Acepta tu propia inspiración. Es la tuya, la que te conviene; la que te ofrece tu Dios.

Dar salud, al saludar, es más que desear buen comportamiento para el cuerpo. Esto no sería sino dirigirse a los efectos. Se refiere a la salud espiritual, o sea, que es bendecir (o decir el Bien) a la mente y al alma; es desearle luz y Verdad al prójimo. Es ayudar a limpiar los errores del mundo. El mundo se encuentra mejor porque tú estás en él. "Buenos días, buenas tardes, buenas noches, gracias", dicho con la intención que encierra (y que se ha perdido de vista en el mundo), es ir repartiendo el Bien y la Gracia. Estas fluyen hasta donde termina el ciclo respectivo y refluyen multiplicadas hacia donde salieron, sea hacia ti.

Segunda forma de orar sin cesar: Todos los días tienes cosas que hacer, deberes que cumplir, algunos te molestan, te fastidian, te son duros; otros son meras rutinas, otros te gustan, te son placenteros o interesantes, como sentarte a leer el periódico o asistir a una fiesta, etc. Dedícalos. Tanto los agradables como los desagradables. Antes de comenzar di: "Dedico esto al Bien", y si se te olvida hacerlo porque no has hecho aún la costumbre, y lo llegas a recordar cuando ya has comenzado y vas por la mitad, dedícalo de todas maneras. Te sorprenderá ver cómo los quehaceres pesados se te vuelven tan livianos que no los sientes: los gratos te serán verdaderos encantos; y lo más grande es que todas aquellas personas que están haciendo lo mismo que tú, en lugares distintos a ti, y que tú ni siquiera conoces, se benefician con las ondas de bondad que les estás enviando. Les haces la carga liviana, les comunicas tu buen humor, y este bien te bendice a ti.

Tercera forma de orar sin cesar. De noche cuando te acuestes a dormir, que sea tu último pensamiento: "Perdono a todo el que necesite mi perdón, y a mí mismo. Y aunque sé que en el plano espiritual no existe nada que perdonar, perdono porque así transformo la idea del que cree hacerme el mal: "Invito a mis guías invisibles a utilizar mi sueño para yo hacer el bien donde sea oportuno. Gracias, Padre". Sería muy extraño que no te durmieras al instante, pues los guías agradecen tu buena voluntad de ayudar, te cubren con vibraciones de paz y dulzura hasta que estés profundamente dormido. El cuerpo astral se sale al estar dormido el cuerpo material, y a veces viaja a largas distancias. El subconsciente lo cuida extremosamente y al iniciarse el menor peligro, el menor ruido, lo atrae hacia su materia a gran velocidad.

Esos sueños que se tienen a veces, de que se está cayendo verticalmente, ocurren siempre en el último instante antes de despertar, y son cuando el cuerpo astral está regresando a su materia. No se tarda ni segundos. No hay que alarmarse. Tampoco te ha costado nada la ayuda que has ofrecido y que los guías han aprovechado. Si se recuerda haber soñado, y si el sueño es coordinado y muy claro, hay que escribirlo al despertar. Más tarde se olvidarán los detalles y es importante no perderlos porque la mayoría de las veces contienen mensajes del Maestro.

¿Has visto cómo se puede orar sin cesar y sin que interrumpa nada nuestra vida diaria? ¿Has visto cómo aprovechar todo lo que hasta ahora habías estado desperdiciando? Sólo así podrás darte el lujo de no asistir a las clases o conferencias que se te ofrecen con tanto amor; ya que el espíritu de la Verdad se encargará de instruirte; y aunque no acostumbro ni sugerir algo que contenga la más remota amenaza, es mi deber advertir que la frase aquella: "Son muchos los llamados y pocos los elegidos" se refiere a aquellos que, teniendo la gran fortuna de encontrarse con la oportunidad de aprender la Verdad; de recortar el largo recorrido de su evolución; y que por descuido, o por preferir cosas de menor valor que el adelanto espiritual, desprecian este esfuerzo y no vuelven, son los llamados que no han sido elegidos". No es por favoritismo que no han sido elegidos, ya que en el espíritu todos son herederos del Reino. Es porque, como dice la parábola del sembrador: "La semilla que cae sobre la roca son los que cuando oyen, reciben la palabra con gozo, pero éstos no tienen raíces, los cuales por algún tiempo creen, y en tiempo de tentación se apartan".

Cuando se deja perder la semilla, se pasan muchas vidas antes de que se vuelva a presentar la oportunidad; y cerramos con la frase de mi Maestro: "Si no encuentras tiempo que dedicarle a Dios, es porque todo tu tiempo estará dedicado a problemas y enfermedades".

RESPECTO AL ESPIRITISMO

Una de ustedes me hizo una pregunta. ¿Qué por que si ya fuimos espiritistas en vidas pasadas, si fuimos mediums, videntes, claroaudientes, si nos proyectábamos y desdoblábamos, por qué no conservamos la facultad ni recordamos nada de esto en la vida presente?

Respuesta: No siempre es así. Algunas personas conservan algo de la facultad síquica, aunque no siempre en la misma forma en que se manifestó en una vida pasada, puesto que ella también va evolucionando. Por ejemplo, conozco a una persona que es medium de aporte. Esta es una de las facultades de mayor adelanto entre todas las facultades síquicas. Esto significa que ella tuvo facultades en una vida anterior, o en varias, y en ésta se le desarrolló la facultad de aporte. Ella no recuerda ninguna otra ni es vidente ni claroaudiente. Ahora, sabemos quién fue en su última encarnación y sabemos también que fue una gran clarovidente.

Otra razón por la cual no recordamos es que, o la empleamos mal y se nos castiga en esta encarnación, o bien se nos borra para que podamos evolucionar en otras vías y que no nos distraigamos. Las facultades síquicas son una gran tentación para el que tiene una misión diferente que cumplir. El plano astral es de por sí muy absorbente, en algunos casos muy interesantes pero en otros casos torturante. Las personas que comienzan a desarrollar las facultades a veces pasan pruebas y experiencias terribles. La Cuarta Dimensión, por ejemplo agiganta y agudiza. De manera que si la persona está desarrollando la videncia, ve formas gigantescas que se le vienen encima. Además, los "detractores", que es como se llaman los desencarnados que no tienen otra distracción que la de embromar a los nuevos mediums, les encanta asustar, y hasta atemorizar. Se les presentan bajo formas espantosas, los persiguen y acosan, y así es que con la voz los desesperan con mil jugarretas, amenazas y tormentos.

Cuando una persona ha superado ya el plano de la Cuarta Dimensión, le borran las facultades síquicas para que pueda evolucionar y adelantar en un plano superior. La Metafísica es un estudio científico que necesita paz y concentración. Está bajo los auspicios del Rayo Verde. Por eso se llama "La Verdad". Si estuviéramos sometidos a un tormento constante de desencarnados que no nos dejaran dormir con gritos y ladridos en el oído, dentro de la almohada, si de día nos persiguieran con molestias de toda índole, no podríamos estudiar ni practicar la Metafísica. Nos volveríamos locos, o suponiendo que ya no nos molestarían en esa forma, nos interrumpirían constantemente para pedirnos tratamientos, ayuda. No nos sería posible elevarnos a un estado de conciencia positiva porque nos mantendrían la atención ocupada en planos de negatividad. Por esto es que yo les digo que si están ustedes estudiando metafísica en esta vida, significa que en las vidas pasadas ya superaron todas las sectas materialistas. (No crean que esto que acabo de decir es un absurdo). Las religiones las hay materialistas como la Católica, que es eminentemente material. Ella no tiene la menor idea de los Principios Creadores como el Mentalismo, Correspondencia y Causa-Efecto.

EL USO DE LAS PALABRAS CREADORAS
"YO SOY"

Cuando un individuo piensa, siente, escribe o pronuncia las palabras "YO SOY", inmediatamente despierta o alerta la atención de la energía vital en él y en todo lo que lo rodea. Parece que el Universo entero se detuviera ante esta señal, para proceder a manifestar, a darle forma a lo que viene después. ¿Por qué es esto? Porque las palabras YO SOY son sagradas. Porque son eso precisamente, la señal establecida desde siempre hasta siempre, para indicarle a la energía vital que ha llegado el momento de CREAR. Crear algo por voluntad del Hijo de Dios que somos cada uno de nosotros.

La Vida te obedecerá. Siempre ha obedecido al mandato, mental o audible, que está precedido de las palabras mágicas "YO SOY". En Metafísica se dice que son el nombre de Dios Creador, y que por eso somos hechos a imagen y semejanza de Dios, ya que así se llama nuestro YO SUPERIOR. El, nuestro YO SUPERIOR, es la Presencia de Dios en el sitio en que estamos. Y aquel que ya esté consciente de esto; aquel que emplee el YO SOY a sabiendas está con Dios. Por esto decimos que UNO CON DIOS ES LA MAYORIA. Me refiero exactamente a que cuando una persona conoce ya el poder y el valor de este nombre, jamás lo usa para expresar un decreto negativo, una mentira, sino para hacer un Bien, para transformar una situación indeseable, para expresar la Verdad, y la Verdad es uno de los Aspectos de Dios.

Recuerden el Evangelio de San Juan, uno de los versículos más grandiosos de toda la Biblia, y el menos comprendido. Ahora lo van a ver claro:

"En el principio era el Verbo; y el Verbo estaba con Dios, y el Verbo era Dios. Todo fue hecho por él (el Verbo) y sin él nada ha sido hecho de lo que es hecho. En él estaba la vida... y el Verbo se hizo carne y habitó entre nosotros".

El Verbo es "Ser", Primera Persona. YO SOY. Ese Verbo es lo que se llama el Logos Creador. El que lo usa a sabiendas del poder que encierra, está con Dios, ES Dios en el momento y sitio en que lo usa. Nada en el Universo se puede negar a cumplir el mandato. Por eso dice el versículo "Está con Dios, ES Dios". Cuando lleguen a sus casas léanse todo el capítulo para que gocen comprendiendo.

No hay maestro más grande que la propia experiencia. Ustedes tódos saben que cada vez que hacen un tratamiento; cada vez que han logrado un verdadero milagro, yo les he dicho "no vuelvas a mencionar el problema o la situación o enfermedad curada". Los principiantes todos, al dar las gracias por el tratamiento, comienzan de nuevo a contar y comentar "porque usted no se imagina cómo era aquello..." y proceden a RECONSTRUIR los hechos que acabamos de desbaratar. ¡Gozan reconstruyendo! Esto les explicará el por qué de las recaídas, tanto en los problemas como en las enfermedades.

¡TIENEN que quitarse el hábito de volver a las andadas! Me van a decir lo mismo de siempre: "Pero es que es muy difícil quitarse un hábito!" ¿Y qué culpa tengo yo que sea difícil? Claro que es difícil porque es eso mismo, un hábito, pero hay que quitárselo. Pero para cortarles camino voy a darles un lenitivo. Es más. Es la forma de impedir que el problema se ponga peor, pues si recuerdan bien, Jesús le decía a todo enfermo que El curaba: "No vuelvas a pecar, no sea que tu situación posterior se haga peor que la anterior".

Cuando se ha logrado un magnífico resultado con la ayuda de una de las maestras, o de una de las discípulas ya conscientes, es porque ha habido todo un proceso muy bien construido por la persona consciente, ya que las principiantes están llenas de conceptos errados, llenas de ignorancia. Cuando ellas medio comprenden que sus propias palabras han destruido lo que se había ganado, proceden a tratar de volver a hacer aquel tratamiento maravilloso, y la oración que expresan es más o menos la siguiente: "¡Ay Padre! No dejes que ese bandido desgraciado vuelva a hacer lo que tanto me hizo sufrir...", o así: "Ay Padre, no dejes que me vuelva la enfermedad que tantos años me tuvo así y así...". Lo cual es resucitar el problema y echarle leña al fuego recordando resentimientos y rencores. La manifestación que esto trae es mucho peor de lo que era antes del primer tratamiento. El remedio que les doy es el siguiente para que no caigan en peores errores:

Cuando ustedes vean que el problema regresó después de haber estado resuelto, o la enfermedad después de haber sido curada o mejorada notablemente, ya saben que es lo que ocurrió. Entonces digan la oración o afirmación siguiente, SIN REPETIRLA porque es tremendamente poderosa:

YO SOY LA RESURRECCION Y LA VIDA DEL DECRETO CONSTRUCTIVO QUE HICE RESPECTO A ESTA SITUACION, ME PERDONO ESTA RECAIDA. YO SOY LA LEY DEL PERDON Y LA LLAMA TRASMUTADORA DE TODOS LOS ERRORES COMETIDOS POR MI Y POR TODA LA HUMANIDAD. GRACIAS PADRE QUE ME HAS OIDO.

Y nunca les puedo repetir demasiado: Cuiden sus palabras. Cuiden sus decretos después de pronunciar el Santo y Mágico, poderosísimo YO SOY!

YO SOY LA RESURRECCION Y LA VIDA DE TODA LA GLORIA Y EL BIEN QUE YO CONOCI JUNTO AL PADRE ANTES DE QUE ESTE MUNDO EXISTIERA.

YO SOY PERFECTO

Esta es la afirmación que expresa la más absoluta lealtad al Padre, a nuestro Yo Superior, y al Cristo en nosotros. YO SOY PERFECTO (o Perfecta). Sin embargo, los hay entre ustedes quienes no se sienten sinceros al expresarse así. Les voy a explicar, que si sienten dudas, es porque están contemplando a la Conciencia terrena, lo que llamamos la conciencia carnal, y lo que es ésta jamás quiere aceptar lo espiritual. Es justo y natural. Se nos ha dado una conciencia carnal, terrena, para que podamos funcionar en lo material. Si no tuviéramos un intelecto y una conciencia terrena ¿cómo podríamos manejarnos en la Tierra? Seríamos fantasmas y no nos sentiríamos como si perteneciéramos a la Tierra. ¿Comprenden ustedes? Luego, sucede que ella (la conciencia terrena y carnal) siempre está viendo los horrores que hacen los humanos, las guerras, las venganzas, los robos y atracos, los crímenes, los engaños, el odio, el desamor, en fin, todo lo que vemos a diario en todas partes, en los periódicos, en la televisión, radio, etc., y ella piensa con suma razón: "¿Y cómo vamos a aceptar el dicho de que somos perfectos? ¡Pero si somos infames! ¿Dónde está lo perfecto?". Y esto que acabo de decir seguramente que ustedes, en especial las y los principiantes, lo encuentran perfectamente justificado.

Pues no, NO está justificado. A pesar de todo lo que aparenta justificarlo, ustedes ya saben que decirlo, o pensarlo siquiera, equivale a un decreto categóricamente negativo. Ustedes ya saben que la gran Verdad está en el espíritu, y que el espíritu es Perfecto. Ustedes ya saben que si declaran infame al Ser, y a través del Verbo ser, soy, somos, son, están mintiendo además de que están sentando un decreto o ley que ha de manifestárseles en la vida. Y aquí está el clavo del asunto. Si ustedes, al declarar y decretar que algo es infame e imperfecto, saben muy bien que eso va a manifestarse, pues declaren o decreten lo contrario, que es la Verdad, y también lo verán manifestado. Sobre todo que el repetirlo va formando el "momentum", o ímpetu que le dará más y más fuerza para manifestarse lo más rápidamente. A medida que lo repiten; a medida de que ustedes se recuerden a ustedes mismas que el Yo Superior es Perfecto y que esa es la Verdad, van grabándolo en el subconsciente, creándolo en consciente, afirmando con el supraconsciente y... el Verbo se hace carne; manifestándolo en todos los vehículos que ahora están creyendo la manifestación imperfecta.

Para que se vayan acostumbrando a la afirmación, comiencen diciendo: "Yo Soy potencialmente Divino y Perfecto". Así están declarando la Verdad de todas las maneras, pero no se ofenden los oídos carnales que están creyendo la mentira de la imperfección. Además se ganan dos puntos maravillosos con esa afirmación. El primero es que se nos eleva la conciencia, cosa que tanto insistimos en que hagan ustedes, segundo que da una euforia y una alegría tan agradable que es de recomendarle que empleen la afirmación para curarse del mal humor y de la murria cuando les ataque.

MEDITACION

Hay cuatro pasos en la meditación. Son cuatro galerías que se suceden cuando uno medita.

La primera es la Imagen. Comenzamos a meditar y tenemos una imagen de lo que queremos saber, pensar, descubrir, etc. Digamos que vamos a pensar en el Cristo Interior. La idea con que comenzamos se llama la Imagen. Es borrosa, mental y sentimentalmente hablando.

A los veinte segundos de estar pensando en la imagen nos viene una idea distinta, más clara, más satisfactoria. Esta se llama el Ideal. Ya tenemos una idea más lúcida de nuestro Cristo Interior. No es una figura, entiéndase. Es un sentimiento, una comprensión.

A los veinte segundos de estar meditando sobre este sentimiento, o sea que mientras estemos sintiendo aquel sentimiento, siempre que no le quitemos la mente, pasa a la conciencia, o sea que vemos y sentimos más claramente. Ya casi podemos explicarnos en palabras. Se lo podríamos referir a un tercero. Le diríamos algo así: "Entré a un lugar más amplio, más abierto, más puro, donde no existe sino amor entre los seres".

A los veinte segundos tenemos una euforia; una felicidad, una gran paz, satisfacción, consuelo, contento, y ya estamos sonriendo y con la cara iluminada. Cualquiera tercera persona que nos ve nos diría: Esa es la realización. La idea se ha identificado con nuestro ser.

Emmet Fox dice: "No analices el Amor de Dios; siéntelo", y yo no quisiera tener que analizárselo a ustedes, sólo que a mí me fue muy útil la explicación que les acabo de dar y quiero que a ustedes también les sea útil y conveniente.

Ahora saben ustedes que no necesitan más de sesenta segundos para estar en contacto con Dios. Un minuto, ni más ni menos. Si tienen el interés y la paciencia de mantener la mente en un solo punto durante veinte segundos, sentirán los pasos que les he explicado.

Ya comprenden ahora por qué dice el Dr. Emmet Fox que uno puede establecer su contacto con Dios aunque sea en medio de Times Square, y que no es indispensable aislarse en ningún lugar o estado de soledad porque si así lo acostumbras, verás que el día que más necesitas de Dios te encontrarás en medio de un tumulto o un terremoto.

Todo lo que hace falta es voltear el pensamiento hacia Dios, y a los veinte segundos ya se está en el SILENCIO, o sea ese estado misterioso de que tanto hablan y ponderan los místicos pues el Silencio es simplemente un estado de paz, de amor, de confianza en Dios. Un instante de intimidad con El.

Hay un viejo adagio que dice: "Dios tiene un destino para cada ser y, por supuesto, tiene uno para ti". El Maestro Fox dice que el único problema que tenemos es encontrar nuestro sitio correcto en la vida. Que al encontrar esto todo lo demás ocurre automáticamente. Que nos encontramos felices; saludables, porque se está saludable cuando se está feliz. Que estaremos prósperos y con toda la oferta necesaria para cubrir todas nuestras necesidades, lo cual implica que seremos completamente libres, pues no se puede ser libre mientras se está pobre. La pobreza está reñida con la libertad y viceversa. Pero a pesar de que consigas toda la distinción y todo el dinero del mundo, si no estás en el sitio tuyo, el que Dios hizo para ti, no serás feliz.

Universo es armonía unificada. Un plan Divino. En un proyecto Divino no puede existir una pieza superflua, ni algo indeseado. No puede ser que Dios haya creado una entidad espiritual como tú sin un propósito especial. Esto significa que hay un sitio especial para ti, y como Dios jamás ni se repite ni se ha repetido aún (tus huellas digitales te lo comprueban) quiere decir que ese sitio creado especialmente y nada más que para ti no lo puede ocupar nadie más que tú. No hay dos personas que se expresen de idéntica forma. Por esto es que no puede existir realmente la pugna de competencias. No tiene que haber dos mil personas luchando por obtener un mismo sitio. Ese sitio es para una sola de esas personas, y existen mil novecientos noventa y nueve otras colocaciones para las demás.

Pero ¿cómo es que podemos conocer NUESTRO sitio propio? Puede que tú te consideres que no eres ninguna maravilla y dudes de que Dios te tenga alguna ocupación maravillosa. Tu vida es tal vez monótona, poco aventurada y estarás pensando que es muy poco probable que de pronto se llene de cosas bellas, espléndidas. Y suponiendo que fuera así ¿cómo podrás tú hacer para averiguar la manera de realizarlo? La contestación es sencilla como todo lo de Dios. Desde mucho antes de este momento, Dios te ha estado susurrando en tu corazón esa cosa maravillosa que El desea para ti. Esa cosa tan increíblemente adecuada y maravillosa se llama EL DESEO DE TU ALMA. Ni más ni menos. Aquel secreto que tú guardas en tu corazón, aquello que tú no te atreves ni a mencionar por temor de quedar en un ridículo, ese deseo que te parece un imposible realizar, esa es la voz de tu alma. Es la voz de Dios que te llama para que ocupes el sitio que El ha guardado para ti.

No te pongas a formular excusas respecto a que "tus obligaciones te hacen imposible hacer lo que tú quieras, etc., etc." o que "tu familia...", o las "condiciones en que naciste...". La Verdad, confiésalo, es que estás frustrado, y la frustración es la esencia de la negatividad. Si se está frustrado no se está cumpliendo la Voluntad del Padre, por lo tanto, en este momento estás ocupado en cosas que no son de tu agrado o satisfacción, y debes estar haciéndolas mal, o menos bien de lo que podrías hacerlas, ya que te estás obligando, y obligarse es distorsionar el alma. También estás privando a un gran sector de la humanidad de algo que tú sólo puedes darle.

"Por sus frutos los conoceréis". Si tú estás descontento, fastidiado, sin ilusiones, estás insatisfecho porque no estás ocupando tu sitio ni haciendo lo que te pertenece. De manera que el descontento es útil, puesto que te indica que debes orar científicamente para que se te presente TU SITIO. Es algo que amas hacer. Es lo que más gozas haciendo.

Recuerda lo siguiente: Cuando Dios te llama a Su Servicio, El paga todos los gastos en el tipo de moneda que sea! Todo lo que te sea necesario para cumplir con tu misión, Dios lo provee. Dinero, oportunidades, conocimientos, entrenamiento, libertad, fuerza, valor, TODO! Siempre que estés dispuesto a unir tu voluntad a la Suya.

La Voz de tu Alma es La Voz de Dios, y a esa voz hay que obedecer tarde o temprano.

EL RETRATO DE LA CONCIENCIA TERRENA
DE HOY

Cada familia que se forma, cada pareja que se casa y tiene hijos, se dedica a acumular una fortuna. Esta fortuna la logra, si es que la logra, a costa, no sólo de trabajos y sacrificios, como de esfuerzos por ganarla con todos los trucos modernos de viveza, pajarobravismo, cobrando de más o afincándose cada vez que puede. Cada vez que el socio o comprador, o sea, que el pagador del momento es alguien rico, no se tiene en consideración que el pagador tiene un sin fin de obligaciones proporcionadas a sus medios. "Tiene plata y puede pagar", es la consigna. A su vez el pagador sabe que le van a cobrar de más y trata de sacar todo a mitad de precio, tratando de exprimir al vendedor del momento, dando por sentado que aquél lo quiere aprovechar, sea ésta la verdad o no, no importa, "hay que estar ojo pelao", es otra consigna. Allí tienen las dos consignas: "Tiene plata y puede pagar, hay que sacársela" y "Hay que estar ojo pelao, me lo quieren quitar". Es la conciencia de robo que impera por todas partes. Esta conciencia, como los pensamientos, se transmiten, entran y salen de las mentes y se quedan allí donde encuentren afinidades. Son recibidos por los atrasados, los de poca evolución y los impulsan al robo, al atraco y al crimen. Esa es una de las razones del hamponato vigente.

Esta tensión constante de parte y parte hace que no se pueda pensar en otra cosa. La tensión se vuelca sobre el pobre cuerpo físico que se enferma con úlceras, porque la preocupación y el cálculo perduran a través de las horas de comida; con cáncer, porque el veneno de los disgustos lo absorbe el cuerpo, y los infartos, porque no se emplea para nada el amor del corazón que es el óleo que todo lo suaviza, todo cura. Todo lo contrario, mientras más inteligencia y menos sentimiento, mejor es para el negocio. Podría yo continuar enumerando males causados por estas consignas, pero creo que bastan estos ejemplos.

Estas consignas y esta conciencia se extiende a través de todas las actividades de la vida. No es solamente en el negocio de compra y venta. En un hospital se atiende a un enfermo, se opera a otro, con la vista puesta en su bolsillo. El único amor que se evidencia es el del médico y el cirujano hacia la labor de sus manos. Pero no es amor puro como sería el que este médico se desvelara por sus enfermos. Por supuesto que siempre hay quien obre con amor, pero la generalidad actúa lo mejor que puede por intereses creados. El cirujano opera lo mejor que puede por una combinación de interés en el asunto que está operando, e interés en su prestigio y esto no es virtud, entiéndase. Poco le importa que lo tilden de ladrón aprovechador. La cosa es que digan "qué tronco de cirujano, no hay otro igual", para que esta fama le permita poder cobrar lo que se le antoje sin consideraciones. El amor por su trabajo está pues empantanado por el lucro, y ¿para qué todo ese lucro?, para comprar quintas, casas quintas, automóviles, viajes, ropa y amueblado que a su vez suban el prestigio; para adquirir peroles, que se hacen obligatorios porque todo el mundo los tiene. Se pagan los más caros colegios y se visten los muchachos con la ropa más lujosa, que se desea adquirir. Este constante pugilato necesita que la mente esté todo el día ocupada en toda esa secuencia material. No se le da un instante de pensamiento a lo espiritual, a las condiciones que van a encontrarse del otro lado ¡como si esto no existiera, ni fuera preciso considerarlo siquiera!

Del otro lado lo que se encuentra es lo siguiente: El cuerpo físico es una esponja que chupa los excesos mentales, anímicos y sensorios. La excesiva emotividad la soportamos porque tenemos un cuerpo que absorbe. Nadie sabe que esta absorción se convierte en daños a los órganos y a la piel los cuales se enferman. Son los achaques constantes de todos los humanos. Después de la muerte no hay cuerpo físico que chupe, y la emotividad incontrolada, mal educada, se desboca. El ser está más sensibilizado y siente todo profundamente. Oye todo lo que dicen de él los que han quedado aquí. Como éstos no saben que el que murió los está oyendo, hablan y desbarran, exageran y calumnian a su antojo. El que los escucha se desespera porque no puede debatir ni desmentir. Pide a grito volver a encarnar para quitarse la tortura y obtener el olvido que da la reencarnación, la inconsciencia de males pasados. Ese es el infierno que acabo de describir; es el purgatorio si los males se pueden soportar hasta que hayan salido y se hayan retirado.

Llega el día de la muerte y lo que interesa es que la viuda y los hijos hayan quedado bien "fondeados" a prueba de miseria o de estrechez. Se considera que a los muchachos se les ha dado una buena educación porque se les enseñó a conducirse en la vida con la misma serie de tácticas. Si es mujer, que se case con un chico de esas mismas condiciones. La forma de descansar la mente y los sentimientos agotados y deprimidos a fuerza del clima negativo en que se circula todo el día y todos los días, es dando o asistiendo a una fiesta para levantar el ánimo a fuerza de "palos" que llamamos. En vez de liberar Karmas, que a eso se ha venido a la tierra, se acumulan muchos más, los cuales se apelmazan sobre los anteriores ya existentes formando costras endurecidas que se llaman cristalizaciones. Estas para ser disueltas requieren terremotos, inundaciones, cataclismos y esto es lo que están viendo las medium videntes, pues los derrumbes que están ocurriendo en el plano de estas cristalizaciones se deben, primeramente, a la luz violeta que se está deslizando en algunas mentes y segundo, a que está aumentando el número de personas estudiantes de metafísica y por consiguiente, están negando defectos y afirmando virtudes. Esto esparce vibraciones análogas que actúan por donde quiera ellas hacen contacto con otras iguales.

"Como es arriba es abajo, como es abajo es arriba". Si aquí son imprescindibles grandes maquinarias para desbaratar rocas y cerros a fuerza de golpes, igual cosa sucede con esas construcciones cristalizadas. Necesitan golpes para desbaratarlas, primero romperlas, segundo triturarlas y tercero limpiar y barrer el polvo. Ahora que en el plano espiritual hay una condición más que no hay en lo terreno. Cada monstruosidad de esas fabricadas por nosotros, por nuestras mentes y nuestros sentimientos tienen vida, piensan, oyen y hablan. Lo que piensan y dicen siempre es relacionado con el material que se les dio en el momento de su creación. Si fue una creación de furia, de odio y venganza en el momento en que se le liberta hacia el aire, en el momento en que se desbarata la corteza que la aprisiona en nuestro subconsciente, ella sale al aire gritando todo lo que la fabricó. Ella no se quiere ir, ese es su creador y lucha por quedarse con él. Los medium claro-audientes, los oyen y creen que son personas que los están persiguiendo. Oyen en palabras los pensamientos que ellos mismos tuvieron hacia los demás y naturalmente, como todo se devuelve, los oyen clamando contra ellos mismos. Esta, llamémosla persecución, dura un tiempo mientras la víctima aprende a rechazarla, a negar, a afirmar, a meditar, orar, emplear la llama violeta, etc. Pero si no son metafísicos ¿cómo lo aprenden? Al fin se retiran, yendo a parar a otras cavidades humanas para quienes estos estados mentales son necesarios en su evolución. Parece que esto es un contrasentido pero no lo es. A una persona muy tímida le hace falta un reflejo de decisión y pujanza. Se le dice reflejo a la actuación de esos pensamientos ya formados y establecidos en el subconsciente. Ustedes ya saben que cada vez que se ofrece una oportunidad propicia, el subconsciente suple el reflejo necesario. Si nuestros pensamientos han sido buenos, correctos, felices, se produce un reflejo de bienestar y se manifiesta una situación feliz. Si han sido negativos se produce lo contrario. Ahora por ley de acción y reacción, la excesiva timidez atrae su contrario, la reacción abre el campo para que entre y se aloje la fuerza contraria. En este caso es un beneficio que aquella creación de violencia, que ha soltado alguien que ya no la necesite, se vaya a alojar en la mente del tímido excesivo, porque la combinación produce un término medio. Cada condición actúa sobre la otra y produce el reflejo que le hacía falta a la persona tímida. Las personas que no son claroaudientes, no oyen a sus creaciones clamando contra ellos, pero en cambio sí sienten un malestar horrible de culpabilidad, de terror, que no saben explicarse y como no saben defenderse de aquello que ellas ni ven ni oyen, sufren mucho. Les atribuyen toda clase de razones que no son exactas. Se castigan y se culpan, hablan mucho en sus estados depresivos y esto los empeora. Por esto es que se dice que los iniciados sufren mucho. Pero la providencia cuida de ellos y encuentran quienes les enseñan estas cosas, encuentran maestros y a su Cristo. Son iniciados, y ya conocen el camino y la forma de actuar. Yo ahora les estoy enseñando para cuando ustedes se enfrenten a estos estados de conciencia antiguos de ustedes mismos, sepan a qué atenerse y sepan catalogarlos, sobre todo, que sepan trasmutarlos, disolverlos con las luces, las cuales aprenderás en el próximo libro titulado: "El Maravilloso Nº 7".

NO PUEDE SER TU DEBER...

Que si estás tratando de vivir la vida espiritual tienes derecho a la paz de tu alma y al progreso armonioso. Si estas cosas te están fallando, pídele a la Sabiduría Divina que te demuestre el motivo de la falla.

Es tu deber dedicarle un tiempo razonable a la oración diaria en la forma de una meditación, o una lectura espiritual, o un repaso de tus afirmaciones preferidas, y vivir el resto de tu vida de acuerdo con la Voluntad Divina hasta donde puedas tú en este momento. Si en realidad estás cumpliendo con este deber sinceramente, no puedes hacer más y no tienes por qué angustiarte ni reprocharte, ni tener sensación de culpabilidad por el hecho de que no estés logrando lo que en este momento presente no te es posible.

En cambio: NO PUEDE SER TU DEBER hacer algo que está más allá de tus fuerzas o de tu alcance en el momento. Dios es tu Padre, y un padre amoroso nunca le exige lo imposible a un hijo que se comporta bien con él.

NO PUEDE SER TU DEBER hacer lo que no tienes tiempo de hacer. Dios es la Sabiduría Infinita, que en la Tierra se manifiesta por el Sentido Común, y no es sentido común esperar que se cumplan más deberes de los que caben en un día de veinticuatro horas.

NO PUEDE SER TU DEBER hacer lo que no tienes DE DINERO QUE TU NO POSEES! Si te estás enfrentando a semejante situación, es que algo marcha muy mal en tus pensamientos. Lo primero que es evidente es que tú crees que Dios es un ogro gigantesco que te lanzó al mundo con las manos atadas para que fracasaras de una vez por todas! Acuérdate del Salmo 46, que comienza diciendo: "Dios es nuestro refugio, nuestra fuerza y nuestra pronta ayuda en las tribulaciones". Luego, termina diciendo: "Aquiétate y recuerda que YO SOY Dios". Pero esto has de creerlo, afirmarlo creyendo lo que afirmas, y no simplemente repetirlo como loro, pues *es tu fe la que mueve las montañas.*

NO PUEDE SER TU DEBER hacer algo que sacrifique tu propia integridad o tu progreso espiritual. Nadie en el mundo te puede obligar a mentir, por ejemplo, y NO ES VERDAD la apariencia de que no hay trabajo, o que no hay servicio, o que el dinero está muy difícil de ganar, o que "está dando mucho infarto y cáncer", etc., etc., etc. MENTIRA, MENTIRA, compruébalo tú mismo afirmando y creyendo lo contrario. No sacrifiques tu progreso espiritual ni tu propia integridad creyendo que "LAS CIRCUNSTANCIAS" te hacen decir lo contrario!

NO PUEDE SER TU DEBER hacer hoy lo que en realidad pertenece al día de mañana. En el plano espiritual (que es la Verdad), no hay tiempo. No hay pasado ni futuro. Todo ocurre en el presente, y si tú piensas y dices (creyendo lo que dices) que Hoy está resuelto todo; Hoy están cubiertas todas las necesidades; hoy tienes toda la fuerza, toda la paz y toda la ayuda que necesitas; y que mañana será otro HOY, te darás cuenta de esa Verdad, como también comprenderás que nuestros temores son siempre para un mañana problemático. Jamás son para HOY. La Biblia dice: "Hoy es el día de la Salvación. Hoy es el día aceptado". Porque Dios vive en un eterno Presente, jamás anda apurado, y siempre está "en un sonriente reposo".

NO PUEDE SER TU DEBER cumplir un deber remoto sacrificando un deber cercano. El Sermón del Monte dice que primero extraigas la basura que hay en tu ojo, y luego la viga que hay en el de tu vecino, porque si no limpias primero tu vista no podrás ver para ayudar al vecino.

NO PUEDE SER TU DEBER estar apurado, o triste, o desanimado, o bravo, o resentido o antagónico, BAJO NINGUNA CIRCUNSTANCIA. La Biblia dice: "El gozo del Señor es mi fuerza". Esto quiere decir que para tener éxito, para poder trabajar, para obtener nuestros logros, para ser felices, para nuestro bienestar y nuestro adelanto, tenemos que estar positivos, y positivo significa contentos; porque el Cristo dentro de nosotros no puede hacer nada por nosotros mientras estemos negativos. El goza con nuestro gozo, y se aleja al nosotros permitirnos estar derrotistas.

Continuación al presente Libro de la Serie Meta-física al Alcance de Todos es el "Maravilloso N° 7" de Conny Méndez

INDICE

OTRAS OBRAS DE CONNY MENDEZ

COLECCION METAFISICA:

Originales:
Metafísica al Alcance de Todos
Te Regalo Lo Que se Te Antoje
El Maravilloso Número 7
Quién Es y Quién Fue el Conde St. Germain
Piensa lo Bueno y Se Te Dará
Colección Metafísica 4 en 1
El Nuevo Pensamiento
Edición Especial (Empastado)
Librito Azul
Un Tesoro Más para Ti
Luz de los Maestros Ascendidos

Traducciones:
El Libro de Oro de St. Germain
Misterios Develados
Los secretos de Enoch (por Luisa Adrianza)
La Mágica Presencia
Numerología

Cassettes:
Serie de conferencias y libros.

AUTOBIOGRAFIA/HUMOR/CARICATURA:
La Chispa de Conny Méndez

MUSICA:
Colección de L.P. y cassettes de su repertorio musical.

OTROS AUTORES:
Rubén Cedeño - Colección Metafísica.
Felas du Richard. S.I. - El Informe Felas.
Sally Barbosa - Cristales de Cuarzo.
Muñeca Geigel - Tú eres un Ser Superior.

Este libro se terminó de imprimir el día
15 de Julio de 1999 en los talleres
de Editorial Melvin. Caracas. Venezuela